LA

FRANCE EN DEUIL,

OU

LE VINGT-UN JANVIER.

Histoire de Marie-Antoinette-Josèphe-Jeanne de Lorraine, archiduchesse d'Autriche, reine de France. Nouvelle édition, dédiée à Madame, duchesse d'Angoulême, revue, corrigée, augmentée et ornée de figures et d'un très-beau portrait de la Reine ; par M. Montjoye, auteur de l'*Ami du Roi*, de l'*Eloge de Louis XVI*, etc. 2 vol. in-8°.

Les Bourbons, ou *Précis historique sur les aïeux du Roi, sur Sa Majesté et sur les Princes et Princesses du nom de Bourbon qui entourent son trône*, dédié au Roi ; par M. Montjoye. 1 vol. in-8°., orné de 20 portraits gravés avec beaucoup de soin par M. Forssele, et d'après les meilleurs peintres.

La Biographie Vendéenne, ou *Notice historique sur les hommes qui se sont fait remarquer parmi les Vendéens et les Chouans*. 2 vol. in-8°.

LA
FRANCE EN DEUIL,

OU

LE VINGT-UN JANVIER:

COLLECTION

Contenant les pièces officielles relatives à la translation des Victimes royales ; — Le détail des honneurs funèbres qui leur ont eté rendus , soit en France , soit en pays étrangers ; — Et les écrits ou discours les plus frappans, publiés ou prononcés sur cette mémorable journée , par MM. le comte de LALLY-TOLENDAL, le vicomte de CHATEAUBRIAND, VILLEMAIN , Mgr. de BOULOGNE , évêque de Troyes , etc. , etc.

Et facient tumulum , et tumulo solemnia mittent.

A PARIS,

Chez Madame Vᵉ. LEPETIT , Libraire , rue Pavée-Saint-André-des-Arts , nº. 2.

1815.

AVIS

DES ÉDITEURS.

DE quelle comparaison ont dû être frappés ceux qui viennent de voir la capitale de la France *le 21 janvier* 1815, et qui l'ont vue *le 21 janvier* 1793; jour terrible ! « Lorsque, pendant six heures ,
« toutes les rues dépeuplées , toutes les
« maisons fermées sous peine de mort ,
« rendirent *Paris* semblable à *Pom-*
« *péia* , dégagée , après des siècles , de la
« lave des volcans , présentant encore des
« murs entiers , mais pas un seul être vi-
« vant..... Lorsque dans cette vaste soli-
« tude d'une cité immense , s'avancèrent

« cent mille hommes armés, dont quatre-
« vingt milles victimes qui en conduisaient
« une autre à l'autel de la mort, et qui
« semblaient chercher le plus profond dé-
« sert, pour y ensevelir le plus exécrable
« forfait..... Lorsque cependant, au fond
« de ces maisons, en apparence inhabitées,
« un demi-million de créatures humaines,
« des familles réunies sans proférer un
« seul mot, des individus effrayés de leur
« isolement, des auteurs même de l'at-
« tentat qui allait se commettre, devenus
« horribles à leurs propres yeux, frémis-
« saient en entendant la marche muette
« des bataillons homicides et le roulement
« prolongé du char funèbre ; frémissaient
« plus encore en cessant de les entendre ;
« mesuraient en tremblant le tems et l'es-
« pace ; tressaillaient à chaque minute en
« songeant que c'était peut-être celle où
« se frappait le coup impie ; puis éclataient
« en sanglots ; étaient renversés contre
« terre ; perdaient l'usage de leur raison
« ou de leurs sens au premier cri des can-

« nibales qui vinrent avertir qu'on pou-
« vait se montrer, parce que le sacrifice
« était consommé, et que la victime n'é-
« tait plus à sauver (1). »

Quelle comparaison, que celle de la
pieuse solemnité célébrée le 21 janvier
1815 par toute la nation française, et de
l'orgie sacrilège que ses dictateurs répu-
blicains célébraient le 21 janvier 1797,
lorsqu'après avoir mis au jour quelques
lois moins insensées que de coutume, ils
se croyaient déja en droit d'oser repro-
duire les mots de *probité* et de *vertu!*
— « La probité! la vertu! (s'écriait le
« même auteur que nous venons de citer).
« Et pendant que j'osais espérer qu'elles
« se faisaient entendre à leurs cœurs par
« la voix du remords, ils allaient en
« pompe mentir à leur conscience, abjurer

---

(1) Défense des émigrés français par Trophime
Gérard de Lalli-Tolendal, première partie, p. 159,
édit. de Paris, 1797.

« l'humanité une fois de plus ; nom-
« mer encore *perfide* celui qu'ils se sont
« glorifié d'avoir trahi, appeler encore
« *tyran* celui qui a mieux aimé périr que
« de verser une goutte de leur sang ! Ils
« allaient se réjouir en commémoration
« d'un meurtre, renouveler l'assassinat,
« de qui ? de Louis XVI ! Où ?..... dans
« un temple ! Dans un temple réunissant
« autrefois ce que la religion a de plus
« solennel et la vertu de plus pur ;
« dans un temple qu'ils ont ravi à Dieu
« pour le donner au crime ! Au moins
« Robespierre n'y fêta que la démence
« sous le nom de la *Raison* : voilà qu'ils en
« font la dédicace AU PARRICIDE ! Grand
« Dieu ! une fête populaire, quand le
« peuple s'enfuit avec horreur ! Des chants
« de joie, que tous les échos repoussent
« par des gémissemens funèbres ! Des im-
« précations contre une mémoire qu'on
« couvre de toutes les larmes de son cœur
« et de tous les hommages de son adora-
« tion ; contre des mânes qu'on voudrait

« ranimer avec le dernier souffle de son
« existence !...... OMBRE DE NOTRE ROI!
« victime de tes bienfaits, de nos pas-
« sions et de leurs crimes ; toi dont la
« mort nous a rendus tous malheureux et
« tous coupables ! ah ! du moins, que
« tant de millions de cœurs qui se sont
« sentis brisés dans ce jour exécrable,
« que tant de voix qui se sont courageu-
« sement élevées pour démentir ces or-
« ganes imposteurs, ces triomphateurs
« gagés, cette solennité déserte; que l'ef-
« froi visible de ce petit nombre de mé-
« chans qui ont balbutié les sermens de
« la haine, tandis que les accens de l'a-
« mour et de la douleur étaient partout si
« prononcés; que jusqu'au choix du lieu,
« deviennent pour toi autant d'homma-
« ges, et pour nous autant d'expiations.
« Non, ce choix n'a pas été fait sans un
« dessein secret de la Providence. DIEU a
« voulu que la profanation de son tem-
« ple devînt la consécration de ta mé-
« moire. Il a voulu marquer que ton âme

« céleste était digne d'être associée à l'in-
« jure du ciel, et que désormais ta vertu
« pouvait être méconnue là seulement où
« la divinité était blasphémée (1). »

Le 21 *janvier* 1815, c'est l'intérieur
des maisons qui a été désert dans une
moitié de la capitale; c'est toute la population de cette capitale qui s'est portée sur
ses remparts; toute celle des bourgs et
villages circonvoisins qui est accourue sur
les routes, pour saluer, bénir, implorer
les saintes reliques du Roi-martyr, celles
de l'auguste et intéressante victime qui a
été la compagne de sa vie et de sa mort,
de son trône et de son échafaud. Pendant
deux lieues et pendant cinq heures, tout
l'espace entre Paris et Saint-Denis, entre
la Chapelle de la Madeleine et l'Eglise
de Dagobert, a été couvert d'une multitude innombrable, saisie de douleur et

____

(1) Défense des émigrés français, seconde partie,
pag. 99 et suiv. Édit. de Paris.

de vénération, tout à-la-fois déchirée par un souvenir sanglant, et consolée par ce triomphe funèbre. A la place et dans l'instant où passait le char portant la dé-pouille sacrée, le plus profond silence ré-gnait, mais silence de recueillement et de respect, de componction et d'attendris-sement. Toutes les têtes étaient décou-vertes, tous les yeux humides de larmes : beaucoup de Français se sont mis à ge-noux. Les imaginations émues perçaient l'épaisseur des cercueils, fixaient, pour ainsi dire, les restes précieux qu'ils ren-fermaient ; leur prêtaient encore du senti-ment ; leur disaient : « Voyez cette chaîne
« non interrompue de tous les genres
« d'hommages qui vous précèdent, vous
« accompagnent et vous suivent. Tous ces
« sentimens aujourd'hui sont mis en com-
« mun, éclatent en public. Eh bien ! dans
« le terrible jour où ils furent individuels,
« épars, solitaires, renfermés, ils ne fu-
« rent ni moins nombreux ni moins vifs
« au fond de nos cœurs et sous le poids de

« nos chaînes. Tout tant que nous sommes
« ici, qui vivions quand vous avez cessé
« de vivre, nous eussions desiré de ra-
« cheter vos jours au prix des nôtres. *Pas*
« *la dixième partie du peuple anglais*,
« s'écriait une généreuse anglaise, don-
« nant le démenti à la cour régicide de
« 1649. *Pas la centième partie du peu-*
« *ple français*, aurions-nous pu nous
« écrier, en 1793. *L'appel au peuple*,
« si on lui eût laissé un libre cours, eût
« tourné contre les meurtriers eux-mêmes
« leur hache parricide. Ils l'ont senti, ils
« ont tremblé; et, en interdisant l'appel
« de leur jugement, ils ont absous la na-
« tion de leur forfait. »

Une nouvelle impression s'est emparée
des âmes, lorsque, parvenue au terme de
son voyage, la relique du saint Roi s'est
arrêtée à la porte du temple funéraire,
en face de cette inscription si profondé-
ment touchante, sur laquelle se fixaient
les yeux et se brisaient les cœurs. On fai-

sait plus que la lire, on croyait l'entendre. C'était la voix de Louis XVI, adressant son dernier vœu à Louis XVIII !
« O mon frère ! mon digne successeur,
« lorsque mon sacrifice et mes invoca-
« tions, lorsque les souffrances de mon
« peuple et la persévérance de tes vertus
« auront fléchi la colère céleste ; lorsque,
« rappelé sur mon trône devenu le tien,
« tu auras rendu la paix à la France,
« hâte-toi de la rendre à mes mânes ; fais
« que je dorme avec nos pères, et dé-
« pose-moi dans le sépulcre de nos ayeux :
« *Dormiam cum patribus meis, et con-*
« *das me in sepulchro majorum meo-*
« *rum.* »

Ce vœu allait être rempli. Une procession d'Evêques est venue, dans le silence le plus imposant, recevoir les cendres royales sur le seuil de leur dernier asyle. Leur entrée dans le temple, leur station en face des autels ; les chants lugubres qui ont rompu tout-à-coup le lugubre silence ;

ce long deuil de Princes et de Princesses enveloppés de crêpes ; celui qui marchait à la tête, ce second frère de Louis XVI, dont les yeux ardens, dont les joues sillonnées attestaient les pleurs qu'il avait répandues le long de la route ; enfin, le saisissement universel de tout ce qui remplissait l'immense basilique, ont gravé dans la mémoire des hommes un souvenir sans fin d'une solennité sans exemple.

Avec une émotion particulière, on a vu, pendant toutes les obsèques, M. de Sèze, qui avait défendu les jours, et M. Descloseaux, qui avait conservé les restes de Louis XVI, tour-à-tour assis près de son cercueil, ou prosternés devant ses reliques.

Enfin, tout a été consommé. L'instant est venu dont aucune langue humaine ne peut rendre l'expression. La dépouille mortelle de Louis XVI, environnée des gardes de Louis XVIII, portée par ses ministres et par les présidens des deux chambres du Parlement français, a été descendue dans le caveau où elle doit attendre en paix le grand jour promis à tous les chrétiens. Les fils de France, les Princes du sang royal, suivis des grands Officiers de la couronne, ont prié à genoux devant les ossemens du Roi-martyr, puis se sont hâtés d'aller dire au Roi consolateur : « Vos vœux, les siens, et les « nôtres, sont remplis. Notre frère, notre « oncle, notre père à tous, voit mainte- « nant du haut du ciel, où son âme est « associée à la gloire divine, les restes de « son corps reposant parmi les cendres de « ses ayeux, sur une terre sainte, et sous « les autels funéraires que nous lui avons « consacrés. »

Relliquias divinique ossa parentis
Condidimus terrâ, mœstasque sacravimus aras.

Mêlés à la foule de ceux qui ont éprouvé le besoin de participer par leur présence à cette grande expiation et à ces saintes obsèques , nous avons cru qu'une collection de toutes les pièces officielles relatives à cette solemnité pouvait n'être pas sans prix ; et le sentiment qui nous pénètre , ce sentiment d'autant plus vrai qu'il est désintéressé dans la condition privée où nous sommes , nous a portés à joindre aux pièces officielles ce qui a le plus répondu à notre cœur, parmi les écrits qu'ont inspirés cette terrible époque et ce consolant anniversaire.

LA

FRANCE EN DEUIL,

OU

LE VINGT-UN JANVIER.

Annonce de la solennité du 21, par M. le vicomte de Chateaubriand.

Le 21 janvier approche : on se demande depuis longtems : Que ferons-nous ? Que fera la France ? Laissera-t-on passer encore ce jour de douleur sans aucune marque de regret ? Où sont les cendres de Louis XVI ? Quelle main les a recueillies ? Sans la piété d'un obscur citoyen, à peine saurait-on aujourd'hui où repose la sainte dépouille de ce Roi qui devait dormir à Saint-Denis auprès de Louis XII et de Charles-le-Sage. Pendant quelques années on a voulu que le jour de la mort de ce juste fût un jour de réjouissance ; mais combien les factions s'aveuglaient ! Tandis qu'elles prétendaient soulever le crêpe funèbre qui couvrait notre patrie, tandis qu'elles ordonnaient des pompes dérisoires, les citoyens multipliaient les marques de leur douleur ; chacun pleurait dans la solitude, ou faisait célébrer en secret le sacrifice expiatoire. En vain quelques hommes appelaient la foule à d'abominables spectacles ; la tristesse publique semblait leur dire : *Non, la France n'est point coupable avec vous ; elle ne prend aucune part à vos crimes et à vos fêtes.*

Louis XVI, dès le commencement de son règne, avait aboli les corvées, amélioré les branches de l'administration, relevé sur la mer la gloire de nos armes, et fait retentir nos victoires sur les côtes de l'Inde et de l'Amérique. Au milieu des orages de la révolution, malgré la chaleur des partis, on fut si persuadé de ses vertus, qu'on le nomma d'une commune voix *le plus honnête homme de son Royaume.* Abreuvé d'amertume, accablé d'outrages, on l'amena à Paris, précédé de la tête de quelques-uns de ses gardes ; on l'y réduisit à vivre dans les fers, à languir dans la douleur... Mais ce n'est point devant la famille royale qu'il convient d'achever le récit de telles adversités. L'orpheline est là, et sa seule présence nous en dit assez. Témoins et juges, vous vivez : vos yeux ont vu ce qu'il y eut de public, et votre conscience vous racontera ce qu'il y eut de secret dans l'histoire de nos malheurs.

A Dieu ne plaise qu'aucun de nous cherche à trouver des coupables et à alimenter des haines ! Mais si nous prétendons aux vertus,

il faut avoir le courage d'être homme : il faut ,
à l'exemple des peuples de l'antiquité , que
notre caractère soit assez mâle pour soutenir la
vue de nos propres fautes. Quiconque craint
de se repentir ne tire aucun fruit de ses er-
reurs. Oublions donc le criminel , mais souve-
nons-nous toujours du crime. Eh bien ! si
tandis que nous pleurerons, quelques hommes
se croient obligés de fuir nos larmes, cette
innocente vengeance ne nous serait - elle pas
permise ? Faut-il que tout un peuple étouffe
dans son cœur la morale et la religion ; qu'il
renonce à toute justice, qu'il ait l'air d'approu-
ver dans sa raison ce que sa faiblesse lui fit
supporter , parce qu'il est des consciences om-
brageuses , qui ne croient la patrie tranquille
qu'autant qu'elles ne sont point troublées par
leurs remords , et qui prennent la voix de ces
remords pour le cri de nos factions ?

Chez presque tous les peuples on a vu de
grands crimes, et partout on a établi des sacrifices pour les expier. Lorsque Agis périt à
Lacédémone en voulant, comme Louis , donner à son peuple de meilleures lois , « les ci-
« toyens de Sparte estimèrent, dit Plutarque ,
« qu'il n'avait oncques été commis un si cruel ,
« si malheureux, ni si damnable forfait depuis
« que les Doriens étaient venus habiter le Pé-
« loponèse. »

Après la restauration de Charles II en Angleterre, on éleva une statue sur le lieu même où
Charles Ier. avait été décapité, et le jour anniversaire de la mort de ce roi, devint un jour
de jeûne et de prière.

Mais il ne s'agit ici d'imiter aucune nation
étrangère : tous les bons exemples peuvent être
trouvés parmi nous. Après la bataille de Poi-
tiers , les états de Languedoc ordonnèrent
« qu'homme ni femme pendant l'année, si le
« roi Jean n'était délivré , ne porteraient sur
« leurs habits, or, argent ni perles, et qu'au-
« cuns ménestriers ni jongleurs ne joueraient
« de leurs instrusmens. »

Nos pères furent plus heureux que nous : ils
purent se livrer à leur naïve douleur , aussitôt
qu'ils l'éprouvèrent. Cette douleur même cessa
bientôt : le roi Jean revint de sa captivité.
Mais les marques de nos regrets seront éternelles : Louis XVI ne reparaîtra plus parmi
nous.

Du moins nous allons voir s'accomplir ce
que nous avons tant desiré, ce que toute l'Europe attendait ; notre douleur , si longtems
comprimée, va enfin sortir du fond de notre
âme ; le Roi vient encore, pour ainsi dire,
au-devant du besoin de nos cœurs : il va satis-
faire à la piété de son peuple , nous rendre
aux idées morales et religieuses, comme de

sa paisible main il nous a soustraits au despotisme, et rangés sous l'empire de nos antiques
lois.

Le 21 janvier, Monsieur, Mgr. le duc d'Angoulême, Mgr. le duc de Berry, se rendront au
cimetière de la Madeleine, appartenant aujour-
d'hui à M. Descloseaux. Le terrain a été légale-
ment reconnu ; on s'est assuré d'avance du lieu
où repose le corps du Roi ; on croit pouvoir
aussi retrouver les cendres de la Reine. Par un
hasard touchant, les Suisses tués à la journée du
10 août, sont enterrés aux pieds de Louis XVI.
La fosse où notre monarque fut jeté avait dix
pieds de profondeur. On n'a pas voulu remuer
la terre avant le moment de l'exhumation.
Rien ne doit être secret dans cet acte saint :
toute la France a vu mourir son Roi, toute
la France doit voir reparaître au même moment sa dépouille mortelle. Ah ! que ne senti-
ront point les spectateurs, quand la terre en-
levée laissera voir les os blanchis de Louis XVI,
son tronc mutilé, sa tête déplacée et déposée
à l'autre extrémité de son corps, signe auquel
on doit reconnaître le descendant de tant de
Rois ! Se représente-t-on bien les trois Princes
tombant à genoux avec le clergé dans ce moment redoutable, la religion entonnant son
hymne de paix et de gloire, les reliques du
martyr sortant triomphantes du sein de la terre.

pour protéger désormais notre patrie, et attirer par leur intercession la bénédiction du ciel sur tous les Français !

Les restes sacrés du Roi étant retrouvés, ainsi que les cendres de la Reine, le cortège se mettra aussitôt en route pour Saint-Denis. Les malheurs de Louis XVI feront toute la magnificence de cette pompe funèbre. La modestie convient au triomphe de tant de vertus, et la simplicité à la grandeur de tant d'infortunes. Les passions humaines ne doivent point troubler le calme et la majesté de cette cérémonie. Tout ce qui accuse en sera banni ; on n'y verra que ce qui console : le père de famille, en retrouvant son tombeau, veut que tous ses enfans ensevelissent dans ce tombeau leurs dissentions et leurs inimitiés.

Le convoi suivra la route que prit, il y a six siècles, celui de saint Louis, premier aïeul des Bourbons. « Et leva, dit Joinville, le saint « corps l'archevêque de Reims; et après qu'il « fut levé, frère Jehan de Seymours le prêcha. « Et entr'autres de ses faits ramenta souvent « une chose que je lui avais dite du bon « Roi : c'était de sa grande loyauté.... Quand « le sermon fut fini, ajoutent les Chroniques, le « roi (Philippe-le-Hardi) prit son père sur son « cou, et se mit à la voie tout à pied à aller « droit à Saint-Denis en France. »

(7)

Quel abîme de réflexion ! Quelle comparaison à faire entre les évènemens, les tems, les lieux et les pompes funèbres de saint Louis et de Louis martyr !

Le cortège se rendra donc à l'église de l'apôtre de la France ; mais les successeurs de ces religieux qui vinrent avec l'oriflamme au-devant de la châsse de saint Louis, ne recevront point le descendant du saint Roi. *Dans ces demeures souterraines, où dormaient ces Rois et ces Princes anéantis ; dans ces sombres lieux, où les rangs étaient si pressés qu'on pouvait à peine y placer Madame Henriette,* Louis XVI se trouvera seul....! Comment tant de morts se sont-ils levés ? Pourquoi Saint-Denis est-il désert ! Demandons plutôt pourquoi son toit est rétabli ; pourquoi son autel est debout ? Quelle main à reconstruit la voûte de ces cavaux, et préparé ces tombeaux vides ? La main de ce même homme qui était assis sur le trône des Bourbons. O Providence ! il croyait préparer des sépulcres à sa race, et il ne faisait que bâtir le tombeau de Louis XVI ! L'injustice ne règne qu'un moment : il n'y a que la sagesse, qui compte des aïeux et laisse une postérité. Voyez en même tems le maître de la terre tomber au milieu de ses violences, Louis XVIII ressaisir le sceptre, et Louis XVI retrouver la sépulture de ses pères. La royauté des légitimes monarques avait *dormi* pendant vingt années ; mais leurs droits , fondés sur leurs vertus , étaient indestructibles comme leur noblesse. Dieu finit d'un seul coup cette révolution épouvantable , et les Rois de France reprennent à-la-fois possession de leur trône et de leur tombeau.

Tandis que les restes mortels de Louis XVI et de Marie - Antoine seront portés à Saint-Denis , on posera la première pierre du monument qui doit être élevé sur la place Louis XV.

Ce monument représentera Louis XVI, qui déja , quittant la terre, s'élance vers son éternelle demeure. Un ange le soutien, et le guide , et semble lui répéter ces paroles inspirées : *Fils de saint Louis , montez au ciel!* Sur un des côtés du piédestal paraîtra le buste de la Reine, dans un médaillon ayant pour exergue ces paroles si dignes de l'épouse de Louis XVI : *J'ai tout su , tout vu , et tout oublié.* Sur un autre face de ce piédestal, on verra un portrait en bas-relief de Madame Elisabeth. Ces mots seront écrits autour : *Ne les détrompez pas ;* mots sublimes qui lui échappèrent dans la journée du 20 juin, lorsque des assassins menaçaient ses jours en la prenant pour la Reine. Sur le troisième côté , sera gravé le testament de

Louis XVI, où on lira, en plus gros caractères, cette ligne évangélique :

JE PARDONNE DE TOUT MON COEUR A CEUX QUI SE SONT FAITS MES ENNEMIS.

La quatrième face portera l'écusson de France avec cette inscription : *Louis XVIII à Louis XVI.* Les Français solliciteront sans doute l'honneur d'unir au nom de Louis XVIII le nom de la France qui ne peut jamais être séparée de son Roi.

Ce monument sera aussi touchant qu'admirable. Un autel funèbre au milieu de la place Louis XV, n'eût été convenable sous aucun rapport. Cette place est une espèce de grand chemin où la foule passe pour courir à ses plaisirs, ou pour étaler ses vanités. Dans les distractions naturelles à la faiblesse de nos cœurs, les accens de la joie auraient trop souvent profané un monument de douleur. Non, aucun Français ne sera obligé de détourner ses pas ou ses regards du monument projeté. Les uns y trouveront dans le testament de Louis XVI l'origine et la confirmation de l'article de notre charte, qui les met à l'abri de toutes recherches. Les autres y recueilleront ces souvenirs qui, dépouillés par le tems de leur amertume, ne laissent au fond de l'âme qu'un attendrissement religieux. Le Roi, qui jusqu'à présent n'a osé fouler *le champ du sang*, pourra peut-être y passer un jour, sinon sans tristesse, du moins sans horreur, tandis que le juge de Louis XVI, à l'abri du monument de miséricorde, pourra lui-même traverser cette place, sinon sans remords, du moins sans crainte. Enfin, ce monument expiatoire deviendra pour tous les Français une source de consolation : nos enfans y puisseront à l'avenir ces graves leçons, ces utiles pensées qui forment dans tous les tems et dans tous les pays les grands peuples et les grands hommes.

Ce monument ne sera pas le seul consacré au malheur et au repentir. On élevera une chapelle sur le terrain du cimetière de la Madeleine. Du côté de la rue d'Anjou, elle représentera un tombeau antique ; l'entrée en sera placée dans une nouvelle rue que l'on percera lors de l'établissement de cette chapelle. Pour mieux envelopper les différentes sépultures, l'édifice entier se déploiera en forme d'une croix latine, éclairée par un dôme qui n'y laissera pénétrer qu'une clarté religieuse. Dans toutes les parties du monument on placera des autels où chacun ira pleurer une mère, un frère, une sœur, une épouse, enfin toutes ces victimes, compagnes fidèles, qui, pendant vingt ans, ont dormi auprès de leur maître dans ce cimetière abandonné : c'est là qu'on viendra particulièrement honorer la mémoire de M. de Malesherbes. On nous pardonnera peut-être d'associer ici le nom du sujet au souvenir du Roi. Il y a dans la mort, le malheur et la vertu quelque chose qui rapproche les rangs.

Le Roi fondera à perpétuité une messe dans cette chapelle : deux prêtres seront chargés d'y entretenir les lampes et les autels. A Saint-Denis, une autre fondation plus considérable sera faite au nom de Louis XVI, en faveur des évêques et des prêtres infirmes qui, après un long apostolat, auront besoin de se reposer de leurs saintes fatigues. Ils remplaceront l'ordre religieux qui veillait aux cendres de nos Rois. Ces vieillards, par leur âge, leur gravité et leurs travaux, deviendront les gardiens naturels de cet asile des morts, où eux-mêmes seront près de descendre. Le projet est encore de rendre à cette vieille abbaye les tombeaux qui la décoraient; et auprès desquels Suger faisait écrire notre histoire, comme en présence de la mort et de la vérité.

Quand on songe que le Prince qui vient de consacrer nos libertés, que le Prince qui, sans verser une seule goutte de sang, a fait cesser nos divisions, et rendu le repos à la France, que le Prince qui, par la politique la plus généreuse défend au dehors les droits des souverains malheureux ; quand on songe que ce

Prince est le même monarque par qui de si grands exemples de religion vont être donnés, peut-on trouver assez de bénédictions pour les répandre sur sa tête? Et, qui ne voit déja que les siècles le placeront au rang des meilleurs et des plus grands rois de sa race ?

Pendant la cérémonie funèbre, Madame se retirera à Saint - Cloud. Nous avons dit que les princes accompagneraient les cendres de Louis XVI à Saint-Denis; le Roi seul restera à Paris, pour confier sa douleur à son peuple, pour mêler des consolations à nos pleurs, et pour adoucir l'amertume de nos regrets par sa présence vénérable.

DE CHATEAUBRIAND.

Paris, 19 janvier 1815.

PIÈCES OFFICIELLES.

Information faite en exécution des ordres du Roi, par M. le Chancelier.

LE vingt-deux mai mil huit cent quatorze, pardevant moi Charles-Henri Dambray, Chancelier de France, chargé par Sa Majesté personnellement de constater les circonstances qui ont précédé, accompagné et suivi l'inhumation de S. M. Louis XVI et de la Reine,

Ont comparu les témoins ci-après dénommés, que j'ai mandés chez moi, sur l'indication qui m'avait été donnée de leurs noms par S. M.

1º. Le sieur François-Silvain Renard, ancien vicaire de la Madeleine, domicilié rue de Caumartin, nº. 12 ; lequel, après serment de dire la vérité, a déposé ainsi qu'il suit :

« Le 20 janvier 1793, le pouvoir exécutif
« manda M. Picavez, curé de la paroisse de la
« Madeleine, pour le charger de l'exécution
« de ses ordres relativement aux obsèques de
« S. M. Louis XVI. »

« M. Picavez ne se sentant pas le courage
« nécessaire pour remplir une fonction aussi
« pénible et aussi douloureuse, prétexta une
« maladie, et m'engagea, comme son premier
« vicaire, à le remplacer et à veiller, sous
« ma responsabilité, à la stricte exécution des

« ordres intimés par le pouvoir exécutif. Ma
« réponse fut d'abord un refus positif, fondé
« sur ce que personne n'avait peut-être aimé
« Louis XVI plus que moi ; mais sur l'obser-
« vation juste que M. Picavez me fit que ce
« double refus pourrait avoir des suites fâ-
« cheuses et incalculables pour nous deux ,
« j'acceptai. »

« En conséquence , le lendemain 21 , après
« m'être assuré que les ordres prescrits par le
« pouvoir exécutif, et relatifs à la quantité de
« chaux ordonnée, et à la profondeur de la
« fosse qui , autant que je puis me le rappeler,
« devait être de dix à douze pieds, avaient été
« ponctuellement exécutés, j'attendis à la porte
« de l'église, accompagné de la croix et de feu
« M. l'abbé Damoreau , que l'on nous remît le
« corps de S. M. »

« Sur la demande que j'en fis , les membres
« du département et de la commune me ré-
« pondirent que les ordres qu'ils avaient reçus
« leur prescrivaient de ne pas perdre de vue un
« seul instant le corps de S. M. Nous fûmes
« donc obligés, M. Damoreau et moi, de les
« accompagner jusqu'au cimetière , situé rue
« d'Anjou.... »

« Arrivés au cimetière , je fis faire le plus
« grand silence. L'on nous présenta le corps de
« S. M. Elle était vêtue d'un gilet de piqué

« blanc, d'une culotte de soie grise et les bas
« pareils.... Nous psalmodiâmes les vêpres et
« récitâmes toutes les prières usitées pour le
« service des morts ; et, je dois dire la vérité,
« cette même populace qui naguère faisait re-
« tentir l'air de ses vociférations, entendit les
« prières faites pour le repos de l'âme de S. M.
« avec le silence le plus religieux. »

« Avant de descendre dans la fosse le corps
« de S. M. mis à découvert dans la bière, il fut
« jeté au fond de ladite fosse, distante à dix
« pieds environ du mur, d'après les ordres du
« pouvoir exécutif, un lit de chaux vive. Le
« corps fut ensuite couvert d'un lit de chaux
« vive, d'un lit de terre, et le tout fortement
« battu et à plusieurs reprises. »

« Nous nous retirâmes ensuite en silence
« après cette trop pénible cérémonie, et il fut,
« autant que je puis me le rappeler, dressé par
« M. le juge de paix un procès-verbal qui fut
« signé des deux membres du département et
« de deux de la commune. Je dressai aussi un
« acte mortuaire en rentrant à l'église, mais
« sur un simple registre, lequel fut enlevé par
« les membres du comité révolutionnaire lors
« de la clôture de cette église. »

Ce qui est tout ce que le témoin a dit savoir ;
et a signé après lecture faite.

Signé RENARD.

2°. Le sieur Antoine Lamaignère, juge de paix du premier arrondissement de Paris, demeurant rue de la Concorde, n°. 8, lequel, après serment de dire la vérité, nous a dit :

« Qu'il n'avait pas assisté à l'inhumation du
« Roi, mais qu'il s'est transporté sur les lieux
« au moment où le corps de S. M. était déja
« couvert de chaux ; que la place qui aujour-
« d'hui est conservée dans le jardin du sieur
« Descloseaux, ancien avocat, est bien celle
« où le Roi a été inhumé. »

Et a signé après lecture faite.

Signé Lamaignère.

3°. Le sieur Jean-Richard-Eve Vaudremont, greffier du juge de paix du premier arrondissement, demeurant rue de la Concorde, n°. 8, après serment de dire vérité, nous a dit :

« Qu'il avait accompagné le juge de paix
« auquel il est attaché dans la visite qu'il a faite
« au cimetière de la Madeleine, rue d'Anjou,
« peu de tems après l'inhumation du Roi, et
« pendant qu'on recouvrait la fosse, et qu'il
« est en état d'attester que le corps de S. M.
« avait été placé dans le même local qui se
« trouve aujourd'hui marqué par des saules
« pleureurs dans le jardin du sieur Desclo-
« seaux. »

Et a signé après lecture faite.

Signé Vaudremont.

4°. Le sieur Dominique-Emmanuel Danjou, ancien avocat, domicilié rue d'Anjou, n°. 48, lequel, après serment de dire vérité, nous a dit :

« Qu'il avait été également témoin de l'in-
« humation du Roi Louis XVI et de S. M. la
« Reine ; qu'il les avait vu descendre tous deux
« dans la fosse, dans des bières découvertes
« qui ont été chargées de chaux et de terre ;
« que la tête du Roi, séparée du corps, était
« placée entre ses jambes ; qu'il n'avait jamais
« perdu de vue une place devenue si précieuse
« et qu'il regardait comme sacrée, quand il a
« vu faire par son beau-père l'acquisition du
« terrain déja enclos de murs qu'il a fait re-
« hausser pour plus grande sûreté ; que le carré
« où se trouvent les corps de LL. MM. a été
« entouré par ses soins d'une charmille fermée;
« qu'il y a été planté des saules pleureurs et
« des cyprès. »

Et a signé après lecture faite.

Signé DANJOU.

5°. M. Alexandre-Etienne-Hippolyte, baron de Baye, maréchal des camps et armées du Roi, lequel, après serment de dire vérité, nous a dit :

« Qu'il avait vu passer la voiture qui con-
« duisait au cimetière de la rue d'Anjou le

« corps de S. M. le Roi, mais qu'il n'avait pas
« suivi l'inhumation; a seulement entendu dire
« d'une manière positive que le corps de S. M.
« avait été placé dans le local décoré depuis
« par les soins de M. Descloseaux ; qu'il a même
« connaissance qu'on en a offert audit sieur
« Descloseaux un hôtel à Paris en échange de
« ce précieux terrain que ledit sieur Desclo-
« seaux a voulu conserver. »

Et a signé après lecture faite.

Signé BAYE.

Fait et clos à Paris, à l'hôtel de la chancellerie, le vingt-deux mai dix-huit cent quatorze.

Signé DAMBRAY.

Certifié conforme par nous, secrétaire-
général de la chancellerie et du sceau,
membre de la Légion d'honneur,

LE PICARD.

Le dix-huit janvier dix-huit cent quinze, nous
soussignés Charles-Henri Dambray, chancelier
de France, commandeur des Ordres du Roi,
accompagné de M. le comte de Blacas, ministre
et secrétaire d'état au département de la Maison
du Roi, de M. le bailli de Crussol, chevalier
des Ordres du Roi, pair de France, de M. de
la Fare, évêque de Nancy, premier aumónier
de S. A. R. MADAME, duchesse d'Angoulême, et

enfin de M. Philippe Distel, chirurgien de S. M.,
commissaires nommés avec nous par le Roi
pour procéder à la recherche des restes précieux
de LL. MM. Louis XVI, et de la Reine Marie-
Antoinette, son auguste épouse ;

Nous sommes transportés, à huit heures du
matin, à l'ancien cimetière de la Madeleine, rue
d'Anjou-Saint-Honoré , n°. 48 ;

Entrés dans la maison attenante à laquelle le
cimetière sert aujourd'hui de jardin , ladite maison occupée par le sieur Descloseaux, qui avait
acheté précédemment ledit cimetière , pour
veiller lui-même à la conservation des restes
précieux qui s'y trouvent déposés , nous avons
trouvé ledit sieur Descloseaux avec le sieur
Danjou, son gendre, et plusieurs personnes de
sa famille ; lesquels nous ont conduits dans
l'ancien cimetière, et nous ont indiqué de nouveau la place où ledit sieur Danjon nous avait
déclaré qu'il croyait pouvoir assurer que les
corps de LL. MM. avaient été déposés , ainsi
qu'il est constaté par l'information que nous
avons faite le vingt-deux mai dernier. Ayant
ainsi reconnu de nouveau le côté du jardin où
nous devions faire les recherches qui nous
étaient prescrites , nous les avons commencées
par celle du corps de S. M. la Reine, afin d'arriver plus sûrement à découvrir celui de S. M.
Louis XVI , que nous avions lieu de croire

placé plus près du mur du cimetière du côté de la rue d'Anjou.

Après avoir fait faire par des ouvriers, du nombre desquels se trouvait un témoin de l'inhumation de la Reine, une découverte de terre de dix pieds de long sur cinq à six de largeur et cinq ou environ de profondeur, nous avons rencontré un lit de chaux de dix ou onze pouces d'épaisseur, que nous avons fait enlever avec beaucoup de précaution, et sous lequel nous avons trouvé l'empreinte bien distincte d'une bière de cinq pieds et demi ou environ de longueur, ladite empreinte tracée au milieu d'un lit épais de chaux, et le long de laquelle se trouvaient plusieurs débris de planche encore intacts: Nous avons trouvé dans cette bière un grand nombre d'ossemens que nous avons soigneusement recueillis; il en manquait cependant quelques-uns qui, sans doute, étaient déja réduits en poussière; mais nous avons trouvé la tête entière, et la position où elle était placée, indiquait d'une manière incontestable qu'elle avait été détachée du tronc. Nous avons trouvé également quelques débris de vêtemens, et notamment deux jarretières élastiques assez bien conservées, que nous avons retirées pour être portées à S. M., ainsi que deux débris du cercueil ; nous avons respectueusement placé le surplus dans une boîte que nous avons fait apporter en attendant le cercueil de plomb que nous avons commandé. Nous avons également mis à part et serré dans une autre boîte la terre et la chaux trouvées avec les ossemens, et qui doivent être renfermées dans le même cercueil.

Cette opération faite, nous avons fait couvrir de fortes planches la place où se trouvait l'empreinte de la bière de S. M. la Reine, et nous avons procédé à la recherche des restes de S. M. Louis XVI.

Suivant à cet égard les premières indications qui nous avaient été données, nous avons fait creuser entre la place où le corps de la Reine avait été trouvé et le mur du cimetière sur la rue d'Anjou, une large ouverture de douze pieds de longueur et jusqu'à douze pieds de profondeur, sans rien rencontrer qui nous annonçât le lit de chaux indicatif de la sépulture du Roi. Nous avons par là même reconnu la nécessité de creuser un peu plus bas, et toujours dans la même direction; mais l'approche de la nuit nous a déterminés à suspendre le travail et à l'ajourner jusqu'à demain.

Nous sommes, en conséquence, sortis du cimetière avec les ouvriers que nous y avons amenés; nous en avons soigneusement fermé la porte en en prenant les clefs, et, après avoir retiré les deux caisses susmentionnées, que nous avons portées dans le salon du sieur Descloseaux, après les avoir scellées d'un cachet aux armes de France ; lesdites caisses, recouvertes d'un drap mortuaire, ont été entourées de cierges, et plusieurs ecclésiastiques de la chapelle de S. M. sont arrivés pour réciter pendant la nuit, autour de ces précieux restes, les prières de l'église.

Le directeur-général de la police, que nous avons mandé, a été chargé de placer une garde à la porte et autour du cimetière, et nous avons ajourné à demain 19, à huit heures du matin, la suite de nos opérations, dont nous avons arrêté et signé le présent procès-verbal, qui l'a été également par le sieur Descloseaux, propriétaire du terrain, et par le sieur Danjou, son gendre.

Fait et clos à Paris les jour et an que dessus.

Le chancelier de France, signé Dambray ; Blacas-d'Aulps, Bailli de Crussol, A. L. H. De la Fare, évêque de Nancy ; Distel, Descloseaux, Danjou.

Le dix-neuf janvier dix-huit-cent-quinze, nous nous sommes de nouveau transportés au cimetière ci-dessus designé, où nous sommes entrés à huit heures et demie du matin avec les ouvriers que nous avions mandés pour continuer les travaux commencés.

Lesdits ouvriers ont ouvert en notre présence une tranchée profonde de sept pieds un peu au-dessous de la tombe de S. M. la Reine, et plus près du mur, du côté de la rue d'Anjou. Nous avons découvert, à ladite profondeur, quelques terres mêlées de chaux et quelques minces débris de planches, indicatifs d'un cercueil de bois. Nous avons fai continuer la fouille avec plus de précaution ; mais au lieu de trouver un lit de chaux pure, comme autour du cercueil de la Reine, nous avons reconnu que la terre et la chaux avaient été mêlées à dessein, en telle sorte cependant que la chaux dominait beaucoup dans ce mélange, mais n'avait pas la même consistance que celle trouvée dans notre opération d'hier ; c'est au milieu de cette chaux et de cette terre que nous avons trouvé les ossemens d'un corps d'homme, dont plusieurs, presque entièrement corrodés, étaient près de tomber en poussière ; la terre était couverte de chaux, et elle se trouvait placée au milieu de deux os de jambes, circonstance qui nous a paru d'autant plus remarquable, que cette situation était indiquée comme celle de la tête de Louis XVI dans l'information que nous avons faite le 22 mai dernier.

Nous avons recherché soigneusement s'il ne restait aucune trace de vêtemens, sans pouvoir en découvrir, sans doute parce que la quantité de chaux étant beaucoup plus considérable avait produit plus d'effet.

Nous avons recueilli tous les restes que nous

avons pu recueillir dans ces amas confus de terre et de chaux, et nous les avons réunis dans un grand drap préparé à cet effet, ainsi que plusieurs morceaux encores entiers.

Quoique la place où ce corps avait été découvert fût celle où plusieurs témoins oculaires de l'inhumation nous avaient déclaré que le corps de S. M. avait été déposé, et que la situation de la tête ne nous laissât aucun doute sur le résultat de notre opération, nous n'avons pas laissé encore de faire enlever à vingt-cinq pieds de distance jusqu'à dix ou douze pieds de terre, pour chercher s'il n'existait pas de lit complet de chaux qui nous indiquât une autre sépulture du Roi aussi positivement que celle de la Reine. Mais cette épreuve surabondante nous a convaincus plus complettement encore que nous étions en possesion de ces restes précieux.

Nous les avons renfermés avec respect dans une grande boîte que nous avons ficelée et scellée d'un cachet aux armes de France ; nous avons ensuite apporté cette boîte dans le même salon où les restes de S. M. la Reine avaient été déposés hier, afin que les ecclésiastiques déja rassemblés pussent continuer autour des deux corps les prières de l'église ; jusqu'au moment qui sera fixé par le Roi pour leur placement dans des cercueils de plomb et le transport desdits cercueils à l'Eglise royal de Saint-Denis.

De tout quoi nous avons rédigé et écrit le présent procès-verbal qui a été signé par les mêmes commissaires et témoins que dans notre séance d'hier, et en outre par M. le duc de Duras, pair de France, premier gentilhomme de la chambre de S. M., par M. le marquis de Dreux-Brezé, grand-maître des cérémonies de France, qui ont assisté à nos opérations d'aujourd'hui, et par M. l'abbé Dastros, vicaire-général de l'Eglise de Paris, l'un des administrateurs du diocèse, le siège vacant, qui s'est réuni à nous pour la présente exhumation.

Fait et clos à Paris, rue d'Anjou, n°. 48, à quatre heures du soir, les jours et an que dessus.

Le chancelier de France, signé DAMBRAY; BLACAS-D'AULPS, BAILLI DE CRUSSOL, A. L. H. DE LA FARE, évêque de Nancy; le duc de DURAS, le marquis de BREZÉ, l'abbé D'ASTROS, DESCLOSEAUX, DANJOU, DISTEL.

Le vingt janvier dix-huit-cent-quinze, à deux heures après midi, nous nous sommes rendus, suivant les ordres du Roi, dans la maison du sieur Descloseaux, rue d'Anjou, n°. 48, où étant arrivés, nous avons trouvé réunis les mêmes commissaires qui avaient assisté à nos précédentes opérations, et les personnes que le droit de leurs charges ou l'ordre du Roi y avaient rassemblées, pour être présentes au placement dans des cercueils de plomb, des restes précieux de LL. MM. Louis XVI et de la reine Marie-Antoinette, déposés dans un salon de ladite maison, dans des caisses ficelées et cachetées, savoir : les commissaires du Roi dont les noms suivent :

M. le comte de Blacas, grand-maître de la garde-robe du Roi, ministre et secrétaire d'Etat au département de sa maison;

M. le bailli de Crussol, pair de France, chevalier des ordres du Roi;

M. de la Fare, évêque de Nancy, premier aumônier de S. A. R. MADAME, duchesse d'Angoulème;

Et en outre M. le duc de Duras, pair de France, premier gentilhomme de la chambre de Sa Majesté;

M. de Noailles, prince de Poix, pair de France, capitaine des gardes-du-corps de Sa Majesté, ayant été de service auprès de S. M. Louis XVI jusques et compris le 10 août 1792.

En présence desquelles personnes nous avons examiné les boîtes ci-dessus mentionnées, dont nous avons reconnu les cachet sains et entiers; et après les avoir rompus, nous avons procédé à la translation des précieux restes, desdites boîtes, dans les cercueil de plomb préparés à cet effet.

Les dépouilles mortelles de S. M. Louis XVI ont été placées dans un grand cercueil, avec plusieurs morceaux de chaux qui avaient été trouvés entiers, et le long desquels paraissaient quelques vestiges des planches du cercueil de bois. Le cercuil de plomb a ensuite été recouvert et soudé par les plombiers que nous avions mandés, et sur le couvercle a été posée une plaque de vermeil doré, avec cette inscription :

ICI EST LE CORPS DU TRÈS-HAUT, TRÈS-PUISSANT ET TRÈS-EXCELLENT PRINCE, LOUIS XVI DU NOM, PAR LA GRACE DE DIEU, ROI DE FRANCE ET DE NAVARRE.

La même opération a été faite en présence des mêmes personnes à l'égard des restes de S. M. la Reine Marie-Antoinette, et le cercueil qui les contint, pareillement recouvert et soudé par les mêmes plombiers, avec cette inscription :

ICI EST LE CORPS DE TRÈS-HAUTE, TRÈS-PUISSANTE ET TRÉS-EXCELLENTE PRINCESSE MARIE-ANTOINETTE-JOSESPHE-JEANNE DE LORRAINE, ARCHIDUCHESSE D'AUTRICHE, ÉPOUSE DE TRÈS-HAUT, TRÈS-PUISSANT ET TRÈS-EXCELLENT PRINCE LOUIS SEIZIÈME DU NOM, PAR LA GRACE DE DIEU, ROI DE FRANCE ET DE NAVARRE.

Les deux cercueils ont ensuite été replacés sous le drap mortuaire, en attendant l'époque fixée par le Roi pour le transport à Saint-Denis des deux corps.

De tout quoi, nous avons fait et clos le présent procès-verbal qui a été signé avec nous par les personnes ci-dessus dénommées, ensemble par le sieur Descloseaux, propriétaire de la maison, et le sieur Danjou, son gendre.

A Paris, les jour et an que dessus.

Le chancelier de France, *signé* DAMBRAY; BLACAS-D'AULPS, BAILLI DE CRUSSOL, A. L. H. DE LA FARE, évêque de Nancy; le duc de DURAS, NOAILLES, prince DE POIX; DESCLO-SEAUX, DANJOU.

Certifié conforme à la minute déposée aux archives de la chancellerie de France.

Le sécretaire-général de la chancellerie de France et du sceau, membre de la Légion d'honneur.

Par ordre de Mgr. le chancelier. Le PICARD.

———————

Le Roi desirant consacrer par un témoignage public et solennel la douleur que la France n'avait pu jusqu'ici faire éclater, et qu'elle manifeste aujourd'hui d'une manière si touchante, au souvenir du plus horrible attentat, a ordonné que le 21 janvier de chaque année, un service pour le repos de l'âme de Louis XVI serait célébré dans toutes les églises du Royaume, que la Cour prendrait le deuil, ainsi que les autorités civiles et militaires, que les tribunaux vaqueraient, et que les théâtres seraient fermés.

Paris, ce 20 janvier 1815.

Le ministre de la Maison du Roi,

BLACAS-D'AULPS.

———————

Le Roi voulant récompenser le pieux dévouement de M. Descloseaux, qui a conservé à la France les dépouilles mortelles de LL. MM. le Roi Louis XVI et de la Reine son épouse, et qui, le rendant acquéreur du terrain où leurs corps avaient été inhumés, a ainsi veillé lui-même à la conservation de ce dépôt précieux, lui a accordé le cordon de l'Ordre de Saint-Michel, et une pension réversible à ses deux filles.

MADAME, duchesse d'Angoulême, lui a envoyé, comme un témoignage de sa reconnaissance, les portraits du Roi Louis XVI et de la Reine Marie-Antoinette d'Autriche.

De la mort, de l'anniversaire et des obsèques de Louis XVI, par M. A. VILLEMAIN.

NON, la France n'a pas signé la mort de Louis XVI. Un crime n'est jamais le vœu de tout un peuple. Quand un peuple paraît coupable, dites qu'il est esclave, et reconnaissez l'excès de sa servitude dans l'excès des attentats qui s'autorisent de sa frayeur et de son nom. Le sang des Français immolés en septembre entourait le tribunal où devait comparaître Louis XVI, et les assassins de son peuple étaient les précurseurs de ses juges.

Pour que la France restât immobile devant l'échafaud du Roi, il fallait bien l'avertir qu'on pouvait la frapper elle-même comme une victime. Ainsi, la plus horrible violation du pacte civil précédait la profanation de l'inviolabilité royale, comme pour marquer l'alliance éternelle de ces deux sauve-gardes des Etats. Mais par quelle affreuse magie quelques hommes peuvent-ils enchaîner à leur crime tout un peuple indigné? C'est par le despotisme de la licence et la complicité de la peur. Alors que toutes les passions sont déchaînées pour encourager, pour soutenir un grand forfait, les bons citoyens versent des larmes ; ils portent dans la tristesse de leurs visages une protestation craintive et fidèle ; les faibles tremblent ou deviennent furieux par excès de frayeur, et le crime s'achève au milieu de cette foule qui ne le voulait pas, et peut-être par des mains qui s'étonnent, qui regrettent d'avoir été si puissantes et si cruelles. L'ambition ivre de liberté s'empoisonne elle-même dans une coupe de sang. Combien la mort de Louis XVI a-t-elle entraîné de malheurs pour tous les partis ! Le péril qui poursuivait l'innocence et la vertu alla même jusqu'aux coupables ; ils pouvaient à peine se sauver de leurs mutuelles fureurs : et le Testament de Louis XVI, reçu par un héritier digne de lui, devait être un jour le plus sûr gage qu'ils acheveraient dans la sécurité et le repos une vie dévouée à tant d'orages, et que la crainte des hommes n'entrerait pour rien dans le trouble de leurs cœurs. L'offrande doit ressembler à la victime. C'est par la clémence, par la douceur, par l'oubli des maux irréparables que l'on peut honorer la tombe du plus indulgent des hommes. Quel Français oserait haïr et se venger au nom de Louis XVI ? O vous qui êtes religieux envers sa mémoire, vous prouvez votre douleur par votre bonté ! Si vous pardonnez, vous le pleurez souvent. Il n'est que trop commun dans nos jours d'avoir perdu la force de l'indignation comme celle de la vertu. C'est le funeste résultat des révolutions. Elles affaiblissent réellement la plupart des âmes; car elles rendent sceptique sur les hommes que l'on a vus souvent changer de rôles et mêler le bien au mal. Elles multiplient trop les épreuves pour laisser beaucoup de réputations irréprochables : elles favorisent la calomnie, qui n'en laisse aucune.

A la place de cette indifférence sociale qui cependant est une espèce de repos, la vertu même peut inspirer une résignation touchante qui regarde les crimes avec des yeux chargés de larmes, et ne reconnaît pas les coupables. Comment reprocherait-on à la France tout le mal qu'elle s'est fait à elle-même? Le débordement de nos malheurs s'est accru du jour où Louis XVI a été arraché de ce trône chancelant sur lequel il avait longtems lutté, à force de douceur, contre toutes les passions furieuses que confondait quelquefois tant d'innocence et de bonté. C'eût été sans doute un beau spectacle de voir un monarque suivre et maîtriser le mouvement de son siècle. Mais les révolutions ne s'arrêtent pas au terme qu'elles montrent d'abord; elles n'ont jamais de bonne foi, ou plutôt elles la perdent et l'emportent sans mesure, quand elles ont senti cette fureur que donne un premier essai de destruction.

Ce n'était point assez d'avoir réclamé des

droits qui paraissaient légitimes ; mais dont la France n'avait pas joui, sous des monarques illustres et révérés. Tandis que pour fonder la liberté légale, il aurait fallu rassembler les faibles restes de l'autorité monarchique, et rendre à Louis XVI plus qu'il n'osait garder, l'anarchie, chaque jour croissante, justifiait les prédictions et la résistance de ceux qui croient qu'il ne faut pas s'abandonner sur le penchant de la liberté populaire, si l'on ne veut rouler dans un abîme. L'infortuné monarque se perdait par l'excès de sa modération et de sa vertu, qui ne trouvait que des incrédules, et ne faisait que des ingrats. Son amour pour ses sujets lui était un piége ; il avait les lumières de son siècle, et il n'en soupçonnait pas les vices. Dès-lors la lutte était inégale entre ceux qui avaient la république dans le cœur, et le monarque sans défiance qui désarmait lui-même la royauté. L'esprit de liberté allait remporter une honteuse et désolante victoire. Le Roi persévérait dans l'inexorable oubli de soi-même, dans le refus de verser une goutte de sang français. Les factieux, étonnés de la grandeur et de la facilité de leurs attentats, voulaient les pousser au dernier terme. Après avoir violé le sanctuaire de la royauté, après avoir, pour ainsi dire, renversé la statue royale, il restait encore à détruire l'homme vertueux et irréprochable qui était Roi, qui ne pouvait cesser de l'être.

L'Angleterre avait vu un prince généreux périr sur l'échafaud pour avoir défendu par les armes le trône et les droits de ses aïeux contre des fureurs républicaines et religieuses. Mais Louis XVI avait tout accordé, tout pardonné, tout souffert. Fallait-il qu'il y eût pour nous un si fâcheux accroissement d'injustice et d'horreur dans l'imagination de ce crime étranger, et que le deuil de l'Angleterre ne fût pas encore assez triste pour une faute plus grande. Mais ici la réparation de l'attentat ne sort-elle pas de son excès même? Le jour où Louis XVI, dépouillé de tous les attributs de l'Empire, meurt de la mort du juste, il flétrit, il ensanglante à jamais cette république qui devait lui succéder; il rentre avec toute la grandeur de la vertu sacrifiée, dans les droits de ses aïeux; il expire plus Roi que jamais : et ce qui lui restera de successeurs, doit recueillir, dans la sainteté de sa mort, un droit plus inviolable et plus sacré. Cet enchaînement de huit siècles de Rois n'est pas interrompu par l'affreux intervalle que laissent deux générations enlevées à-la-fois. Funeste et trompeuse politique de la fureur! elle consacre encore ce qu'elle prétendait deshonorer. Aux yeux de la philosophie comme de la religion, ce qu'il y a de plus saint parmi les hommes, c'est un juste mourant dans l'opprobre et le supplice. La sagesse antique n'avait

rien conçu de plus sublime, et la victime
céleste est montée sur la croix pour attirer
l'univers jusqu'à elle. Ah ! si dans nos jours de
raisonnement et de froideur, il peut se conserver autour du trône un souvenir respectueux
et tendre, quelque reste de cette religion civile
dont s'honoraient nos pères, et qui sans doute
ne ressemblait pas à l'esclavage, puisqu'elle était
la source de l'honneur, l'ombre sanglante de
Louis XVI doit en dire bien plus à nos cœurs
que l'ombre glorieuse de Louis-le-Grand. Mais
ne séparons pas les images du deuil et de la
gloire ; elles se suivent toujours. Dans le palais
de Louis-le-Grand, la mort avait aussi une
effrayante solitude ; on avait vu trois cercueils
emporter du pied du trône l'époux, l'épouse
et l'enfant, et l'on avait murmuré les paroles
du prophète : *Quarè facitis malum grande
contrà animas vestras, ut intereat ex vobis
vir et mulier et parvulus ?* etc.

Fallait-il que la prédiction fût deux fois ac-
complie, et que la cruauté des hommes renouvelât
cette effrayante rigueur de la nature ! Cependant
la race immortelle n'a pas été épuisée par tant
de coups. Quand le despotisme, fruit inévi-
table de l'anarchie, s'est brisé lui-même ; quand
les germes précieux de la liberté que l'héritier
de la révolution écrasait sous ses pas, ont pu
croître et prospérer, un frère de Louis XVI

est venu pour achever l'ouvrage que Louis XVI méditait dans le début florissant de son règne, et, pour pardonner tous les crimes que Louis XVI oubliait en mourant. Le Ciel a semblé lui-même offrir le modèle de cette clémence. Après avoir abandonné la France aux excès de l'anarchie, aux fatigues d'une grande et incertaine destinée, à tous les maux et à tous les regrets de la gloire ; lorsque le jour de l'expiation a été enfin amené par tant de malheurs, le ciel a voulu du moins que l'expiation elle-même fût courte, facile, sans crise et sans douleur, et que l'instant qui effaçait l'injure des Rois ne vît naître aucun obstacle nouveau , marquât la fin des haines étrangères et civiles, réunît tous les intérêts, réconciliât tous les cœurs, et parût un bonheur autant qu'une justice. Pour présider à de tels commencemens , le Ciel nous donnê un monarque qui ne craignit pas d'accorder des droits à son peuple, sachant bien dans son cœur que si nos droits servent à la prospérité de la France, ils n'iront jamais au-delà de sa politique secrète et de ses bienfaits volontaires ; génie bienfaisant et paisible, qui répond à la diversité des vœux qu'on lui adresse en étendant partout le bonheur par l'impartialité de son amour !

Dans ce jour de deuil , il est permis de s'arrêter sur l'image de la patrie renaissante. Il y a

quelque chose de favorable et d'heureux dans les
expressions même de la douleur publique, et les
larmes qui coulent aujourd'hui annoncent le repos et la paix. Les fêtes impies de la république
sur la cendre de Louis XVI venaient s'inter-
poser dignement au milieu des discordes civiles
et des tyrannies populaires. Elles légitimaient
chaque fois les nouveaux crimes de l'année, et
perpétuaient le droit de mort par l'exemple
d'une si grande victime. On ne change pas la
nature : on ne fait pas une réjouissance de la
mort. Ces fêtes étaient tristes et funestes comme
la joie des coupables. Mais le deuil solennel que
la France consacre au Roi-martyr, viendra se
replacer dans une longue succession d'années
paisibles et glorieuses. Ce sera le jour d'affliction
parmi les jours de bonheur ; et quand les années
se multiplieront, quand le tems aura beaucoup
effacé, cette époque sera toujours une grande
leçon politique. Aujourd'hui c'est encore un
sujet de désaveu et de douleur ; et, quoique
dans la rapidité de la vie, nous en soyons
déja bien éloignés, nous y remontons vîte et faci-
lement par la chaîne de nos propres malheurs.

Il y a longtems sans doute que les restes de
Louis XVI attendent la sépulture des Rois ;
mais la proscription de sa famille ne vient que
de finir, et vingt années d'exil ont mal fermé
les blessures que l'orpheline royale emportait

dans son cœur en fuyant de la France. Qu'elles doivent être vives et récentes à la vue de cette mort renouvelée par la pompe funèbre, et combien la lente consolation de tant de tristes années, combien tout cet espace désert doit s'effacer de ce cœur religieux et tendre, pour n'y laisser que la première douleur, qui rapproche et confond le jour du sacrifice, et celui de la fête expiatoire ! Et cependant aujourd'hui la pompe funèbre est mêlée de triomphe ! Le dernier Roi de France est porté au tombeau vide de ses aïeux ; il recommence la succession des Rois dans le domaine de la mort ; il semble le chef de ces générations royales qui viendront paisiblement reposer auprès de lui.

L'homme qui s'était assis sur le trône de Charles II, voulut aussi prendre une place dans la sépulture de Westminster, et il fallut en bannir son ombre que n'avaient pas effrayée celles des Rois d'Angleterre insultés par son crime. On n'a point usurpé la tombe de nos Rois ; l'injuste oppresseur de la France, celui qui, par la mort de d'Enghien, s'était approché du régicide autant qu'il avait pu, moins heureux que Cromwell, est descendu vivant du trône ; et le triomphe de la royauté légitime, le retour d'un bon Roi n'a pas même coûté la mort d'un tyran.　　　　　　A. VILLEMAIN.

Paris, le 21 janvier 1815.

DU 30 JANVIER 1649,

ET

DU 21 JANVIER 1793;

Par M. le comte de LALLY-TOLENDAL.

« ...... IL finit en priant pour ses meurtriers ;
« en demandant au ciel le salut de *son mal-*
« *heureux royaume* et de *son malheureux*
« *peuple......* Douze ans s'écoulèrent , et la
« mémoire du royal martyr fut consacrée par
« une solennité religieuse qui, le 30 janvier
« de chaque année, se célèbre dans toute l'An-
« gleterre, qui ferme tous les spectacles , qui
« fait vaquer tous les tribunaux, qui fait reten-
« tir tous les temples d'hommages à la vertu
« immolée, et d'invocations à la clémence
« divine...... (1).

« *O mon pays !* s'écriait l'évêque de Saint-
« David, prêchant à Londres devant le parle-
« ment, le 30 janvier 1793 ; *ô mon pays !*
« pleure en voyant le crime de *tes enfans*
« dénaturés se réfléchir dans l'imitation exa-
« gérée qu'il a produite. Pleure et désole-toi ;

---

(1) Article de CHARLES I , dans la nouvelle *Biographie universelle* , tom. 8, pag e216.

« *mais remercie le ciel qui, dans sa miseri-*
« *corde, t'a rendu ton église avec ta monarchie;*
« *et paie désormais la clémence de ton Dieu*
« *par ta fidélité à ton Roi.......* »

Ah ! sans doute, *imitation exagérée !* Il n'est pas jusqu'aux mânes des augustes victimes qui ne l'aient ressenti. Entre ces deux monarques ornés des mêmes vertus et immolés par le même délire, au moins les restes du premier n'ont attendu leurs funérailles que vingt-un jours : les reliques du second n'obtiennent les leurs qu'après vingt-deux ans révolus !

Elles les obtiennent enfin ! Dans ce moment, sur la même route où les enfans de Louis IX portaient sur leurs épaules le corps du saint Roi, que son zèle avait livré en proie au fléau d'une peste étrangère, le frère et les neveux de Louis XVI portent dans leurs bras l'urne où sont les cendres du Roi-martyr, que sa bonté a fait tomber victime sous le glaive des révolutions civiles. La fille du martyr, celle qui retrace tous ses malheurs et toutes ses vertus, celle qui a gémi captive avec lui et qui gémit encore de ne pas le voir triomphant avec elle, s'unit de loin par la pensée à cette marche religieuse et funéraire, qu'avec son cœur aucune force humaine n'eût pu supporter, et où elle nous sera d'autant plus présente que nos regards ne l'y rencontreront pas. Sur son trône en deuil, sur son trône aujourd'hui solitaire, le monarque qui est venu consoler la France, et qui doit être consolé par elle, lit et relit l'évangile du jour, cet évangile de douceur et de paix, de religion et de tolérance, ce testament de Louis XVI, qui seul a pu donner à Louis XVIII le droit d'être clément sans réserve. Partout en France, dans tous les temples et dans tous les cultes, dans les lieux publics et dans les foyers domestiques, aujourd'hui la mort du Roi juste est pleurée, l'avènement du Roi *desiré* est béni, l'observation de sa charte est jurée, la rébellion et la tyrannie sont maudites, la Providence est invoquée et glorifiée pour les vertus célestes de Louis XVI et pour les vertus réparatrices de Louis XVIII. Partout en Europe, et dans les Royaumes et dans les Républiques, aujourd'hui les douleurs et les consolations de la France sont senties, ses sentimens et ses vœux sont partagés. A l'instant où tous les cœurs français vont se briser en voyant les cendres de Louis XVI sortir du gouffre où elles étaient englouties, et entrer dans leur demeure sépulcrale, tous les potentats rassemblés à Vienne seront prosternés au pied du même autel, célébrant les mêmes obsèques, décernant les mêmes honneurs à la mémoire de leur auguste et saint collègue. Ils méditeront sur les coups que frappe la providence, et sur ce qui mérite son appui ou excite sa colère. Ils lui demanderont que l'injustice, la flatterie et le mensonge soient écartés du conseil des Rois et des délibérations des peuples. Ils lui demanderont que ce testament de Louis XVI, auquel on ne peut trop revenir, devienne un nouveau signe d'alliance, qui garantisse à la terre qu'elle ne sera plus submergée par un nouveau déluge de sang. Les nations joindront leurs voix à celles de leurs souverains, et cette double invocation en sera plus pressante pour le ciel. Sur la terre, jamais scène plus imposante, jamais jour plus solennel n'auront frappé la vue, occupé la pensée, et remué le cœur des hommes.

Que ce jour ait donc un anniversaire, mais un anniversaire national en même tems que perpétuel. Il appartenait au royal héritier de l'auguste martyr et aux princes de son sang, d'approcher les premiers, de toucher seuls ces reliques sacrées. Le cortège des fidèles a dû les environner ou les suivre à une distance respectueuse, il a dû craindre même de troubler par un gémissement inconsidéré le religieux silence de leur douloureux ministère. Ce ministère une fois rempli, la cendre sainte déposée sous l'autel, le tombeau qui va la recevoir ouvert et refermé, alors les représentans de la nation doivent à la nation de proclamer ses sentimens, d'immortaliser ses douleurs et ses bénédictions, de venger sa gloire et sa loyauté, de faire du vœu spontané de tous les cœurs une loi constitutionnelle de l'état, et d'ajouter à tous les monumens qui vont s'élever, celui d'une solennité qui, de la génération actuelle, arrive aux générations dernières. *A jamais !* porte le bill du parlement anglais, qui a institué la solennité du 30 janvier, en l'appelant un *jour saint* : Holy day for ever ! N'en doutons pas, le parlement français, à sa rentrée, portera au pied du trône le même vœu; et gloire à ceux de ses membres qui, en le provoquant, consacreront leurs noms, comme le chevalier *Hénéage Fynch* a consacré le sien en Angleterre! On parle toujours d'oubli ! Eh ! l'oubli est juré, l'oubli est consommé. Mais que dans l'année il soit au moins un jour pour les souvenirs, pour les pleurs, pour les repentirs publics. Que la clémence reste une vertu, l'insensibilité un malheur, l'ingratitude un vice, la trahison un crime, la justice et la vérité une puissance. Que les remords même puissent prétendre à devenir vertueux; mais sur-tout que l'oubli n'ensevelisse pas les vertus et les sacrifices. Qu'il soit un jour — ah ! qu'il soit une semaine dans l'année, où l'on dise tout haut : *Louis XVI a aimé son peuple, et il l'a aimé jusqu'à mourir pour lui.* Qu'il soit un jour où l'évangile de sa *passion* soit lu immédiatement avant l'évangile de sa clémence. N'est-ce donc pas de cette réunion qu'est sorti le plus fort garant de la plus douce et de la plus irrévocable amnistie qui jamais ait été proclamée ? Ce jour sera le grand jour de la morale publique et privée. Tous les ans, la charte de Louis XVIII s'attachera par de nouvelles racines au pied de la tombe de Louis XVI, et elles se garantiront l'une à l'autre leur mutuelle inviolabilité, leur sainteté mutuelle. Cette tombe exhalera l'odeur de toutes les vertus, et en ranimera l'esprit. Les hommes viendront s'y réconcilier entre eux et s'y réconcilier avec eux-mêmes. Le crime des pères y disparaîtra sous la vertu des enfans rattachée à celle des aïeux ; et depuis les personnages les plus voisins du trône jusqu'aux plus humbles de ses fidèles sujets, il n'y aura personne qui ne se sente meilleur, lorsque dans ce grand annuel, lorsque dans cette octave salutaire, il aura été verser une larme, déposer un vœu, consacrer un repentir, solliciter une inspiration sur le *sépulcre* de Louis XVI.

LALLY-TOLENDAL.

21 janvier 1815.

L'article de Charles Ier., où M. le comte de Lally-Tolendal a pris son texte pour le morceau qu'on vient de lire, étant un de ceux dont il a enrichi la Biographie universelle, nous avons cru qu'une plus longue citation tirée du même article, une citation qui rapprocherait les derniers jours, les derniers momens des deux royales victimes, ne pourrait être lue sans un grand intérêt, et sans inspirer des méditations utiles. Nous y joindrons une note des prières adoptées par le rituel anglais pour la fête du martyre de Charles Ier. Nous la devrons aux auteurs de la Gazette de France, qui ont eu l'idée du même rapprochement, et en ont tracé une esquisse digne d'entrer dans cette collection. Voici d'abord les pages écrites, signées et publiées à Paris en 1813, par M. de Lally, sur le procès et la mort du monarque anglais.

« Jamais ce spectacle, digne, a-t-on dit, des regards de la divinité, le spectacle d'un homme vertueux aux prises avec le malheur et l'injustice, ne se déploya plus solennellement que dans la scène qui s'ouvrit le 20 janvier 1649. Amené au milieu de cette prétendue cour de justice, le monarque s'avança d'un pas ferme,

ayant sur son front toute la majesté de son rang
et de ses vertus. Sans daigner se découvrir devant ce ramas de meurtriers, il alla tranquille-
ment s'asseoir dans le fauteuil qui lui était préparé, promena en silence un regard imposant
sur tous ces visages défigurés par le crime, et
attendit que l'œuvre d'iniquité commençât. Le
président, un Bradshaw, légiste obscur, qui
n'avait de remarquable que son insolence et sa
grossièreté, ordonna l'appel de tous les membres
de la haute-cour. Cent quarante-trois avaient
été nommés, il ne s'en trouva de présens que
soixante - treize : tant les imaginations et les
consciences étaient effrayées d'un pareil attentat ! Lorsque le nom de Fairfax, le premier
sur la liste, fut appelé, une voix répondit du
haut d'une tribune : « Il a trop d'esprit pour
« être ici » ; et, lorsqu'après l'appel on lut
l'acte d'accusation au nom du peuple anglais,
la même voix s'écria : « Pas la dixième partie du
« peuple » ! Il y eut ordre de faire feu sur la
tribune. Cette voix était celle d'une femme, et
l'on sut que cette femme était celle de Fairfax.
Bon soldat, mauvais politique, honnête homme,
il reconnaissait trop tard qu'il avait été le jouet
de Cromwell : la cause de la liberté l'avait entraîné, l'assassinat du roi lui faisait horreur. Le
monarque prêta une oreille attentive à l'acte d'accusation ; il ne put se défendre d'un sourire amer,

en s'entendant qualifier de *tyran*, de *traître*, *d'assassin*. Interpelé par le président sur ce qu'il avait à dire pour sa défense, il interrogea au lieu de répondre. Il demanda qu'avant tout on lui fît savoir par quelle autorité il était amené dans ce lieu. « Naguère, dit-il, j'étais dans l'île de
« Wight; j'y ai conclu avec les deux chambres
« du parlement un pacte tel que la foi publique
« n'en a jamais garanti un plus sacré. Je traitais
« alors convenablement avec les nobles sei-
« gneurs de mon royaume et les représentans
« honorables de mon peuple. Qu'on m'apprenne
« donc par quelle autorité (légitime s'entend ;
« car je sais qu'il en est d'illégitimes dans le
« monde, telles que celles des voleurs et des
« larrons); qu'on m'apprenne, dis-je, par
« quelle autorité légitime j'ai été tiré du lieu
« où j'étais, et conduit à la place où je suis; je
« me tais sur des circonstances plus graves.
« Qu'on me satisfasse sur le titre de l'autorité
« qui a fait tout cela, et je répondrai. Souve-
« nez-vous que je suis votre roi. Songez quels
« fardeaux vous amasseriez sur vos têtes, quels
« jugemens du ciel vous appelleriez sur ce pays;
« songez-y, vous dis-je, et songez-y bien avant
« de faire un pas de plus, avant de vous pré-
« cipiter d'un abyme dans un autre. Quant à
« moi, Dieu m'a confié un dépôt, Dieu, par
« une antique et longue succession, m'a trans-

« mis un mandat : je ne les violerai ni ne les
« trahirai. Ce serait déja y porter atteinte que
« de répondre à cette nouvelle et illégitime au-
« torité qui m'interroge. Répondez-moi vous-
« même sur votre titre , et alors je vous en dirai
« davantage. » Nous avons traduit avec une fidélité religieuse ce texte même de la première réponse de Charles , et nous regrettons de ne
pouvoir présenter ici la suite de toutes les inter-
locutions qui eurent lieu entre lui et Bradshaw
pendant les quatre séances qu'occupa le procès.
On n'en peut pas faire un résumé plus juste et
plus éloquent que celui de Hume. A la fin de la
première séance, le roi passant près du bureau ,
y vit la hache fatale qui menaçait sa vie. « Elle
« ne me fait pas peur, » dit-il , en la touchant
dédaigneusement d'une baguette qu'il tenait à la
main. Comme il descendait les degrés de Westminster , il entendit plusieurs voix répéter :
« Dieu sauve le roi! » et l'on vit que son cœur
en recevait quelque consolation. Des furieux
crièrent : « Justice ! exécution ! » et ses yeux
n'exprimèrent que la pitié. Un soldat, saisi d'une
émotion involontaire , dit à haute voix : « Dieu
« bénisse la majesté tombée ! » Son capitaine
vint l'assommer de coups. « Il me semble , dit
« le roi, que la peine excède le délit. » Un scé-
lérat osa lui cracher au visage ; Charles tira son
mouchoir et s'essuya sans daigner même se

plaindre. On a dit le *martyre* , on aurait pu dire *la passion de Charles Ier*. Tous les cœurs chrétiens sont d'accord avec celui de Clarendon, quand on lit dans son histoire : « Le meurtre le « plus exécrable qui ait été commis depuis celui « de notre adorable sauveur. » Trois fois Charles fut ramené à ce tribunal de meurtriers , et toujours avec plus de force , il récusa leur juridiction ; mais il forma la demande, qu'il réitéra jusqu'à la fin , d'être entendu par les deux chambres du parlement , dans la salle de conférence. On le refusa non moins persévéramment. La haute-cour , diminuée encore de treize membres , prononça la sentence de mort , et trois jours lui furent laissés pour se préparer à son dernier sacrifice. Dans cet intervalle , arrivèrent des supplications de la reine réfugiée en France , et du prince de Galles réfugié en Hollande , des remontrances et intercessions du gouvernement français et des états-généraux , une protestation menaçante de l'Ecosse. Quatre lords ; qui avaient été ministres de Charles : Richmond , Hertfort , Lindesay , Southampton , se présentèrent devant ce qu'on appelait alors les communes ; ils remontrèrent « que s'il y avait en Angleterre une loi fondamentale, c'était celle qui avait prononcé irrévocablement : *le roi ne peut mal faire ;* que ses ministres et ses conseils étaient seuls responsables ; qu'ils avaient été ;

eux , ministres du roi Charles ; qu'ils confessaient lui avoir conseillé tout ce qu'il avait fait , et qu'ils venaient offrir leurs têtes, pour préserver cette tête sacrée que les communes elles-mêmes étaient si intéressées à défendre. » Cri de la nature, intérêts de la politique, vœux du repentir, dévouement de la générosité , tout fut repoussé ; la seule faveur accordée à l'auguste condamné fut la permission de voir les deux enfans qui lui restaient en Angleterre, la princesse Elisabeth , qui était l'aînée , et le duc de Glocester , âgé seulement de dix ans. Il leur parla de Dieu et de leur mère. Il se plut à protester « que, dans tout le cours de sa vie , il n'avait pas été infidèle à la reine , même par une pensée , et que sa tendresse conjugale allait durer encore autant que cette vie. » Il chargea la princesse Elisabeth de répéter ces paroles à sa mère. Passant au duc de Glocester , et le prenant sur ses genoux : « Mon fils, lui dit-il , ils vont cou-
« per la tête à ton père..... » Il vit l'enfant saisi de cette terrible image, et poursuivit : « Ecoute-
« moi bien , mon fils : ils vont couper la tête à
« ton père ; peut-être voudront-ils te faire roi ;
« mais , prends-y bien garde , tu ne peux pas
« être roi tant que tes frères aînés , Charles et
« Jacques , seront vivans. Ils couperont la tête
« à tes frères s'ils peuvent mettre la main sur
« eux ; peut-être qu'à la fin ils te la couperont

« aussi. Je t'ordonne donc de ne pas souffrir
« qu'ils te fassent roi. — Je me laisserai plutôt
« mettre en pièces, » répondit le généreux enfant, avec une émotion qui fit briller encore
quelques larmes de joie dans les yeux de
son malheureux père. Charles bénit ses deux
enfans, remit à sa fille deux diamans, dont un
était pour sa mère ; et, séparé désormais de toute
la nature, ne conversa plus qu'avec le prélat
Juxon, ne s'occupa plus que de ces grandes
pensées de religion qui l'avaient soutenu dans
ses longues épreuves. Le matin du jour fatal,
50 janvier 1649, il se leva de bonne heure, et
ordonna au serviteur qui approchait de sa personne « de soigner sa toilette plus qu'à l'ordinaire pour cette grande et joyeuse solennité. »
Il avait passé la dernière nuit dans son palais de
Saint-James, et il devait retourner à celui de
White-Hall, où son sommeil n'avait point été
troublé, dans les deux nuits précédentes, par
le bruit des ouvriers qui construisaient son échafaud sous ses fenêtres. Sur les dix heures, après
avoir reçu la communion des mains de l'évêque,
il se mit en marche, à pied, pour White-Hall.
Deux files de soldats l'escortaient, les drapeaux
baissés, les tambours murmurant des sons lugubres. Immédiatement devant lui, marchaient,
la tête nue, ses principaux satellites. Le roi,
seul couvert, vêtu de deuil, le collier de Saint-

George sur sa poitrine, et un panache noir flottant sur son front, s'avançait d'un pas ferme, ayant à sa droite l'évêque Juxon, à sa gauche un colonel Thomlison, le chef de tous ses geoliers. Trois rangs de soldats fermaient le lugubre cortége, que suivait une troupe de sujets fidèles en silence et en larmes. A la sortie du parc Saint-James, en face de White-Hall, Charles vit contre les murs de son palais, et au niveau des croisées de son appartement, un échafaud tendu de noir, le bloc où il allait poser sa tête, et le glaive qui devait la trancher. Sa démarche n'en fut point affaiblie. Il entra dans l'intérieur de son palais, prit une légère réfection de pain et de vin, passa trois heures à méditer ou à prier dans la chambre où il avait coutume de dormir, et au coup de deux heures et demie, les croisées fatales furent ouvertes. Deux lignes de soldats bordaient le passage dans toute la longueur des appartemens, et l'on vit à travers cette double haie, l'auguste victime entrer du séjour de sa grandeur sur le théâtre de son martyre. Deux bourreaux masqués l'y attendaient. L'évêque Juxon y parut à ses côtés. Thomlison, avec quelques-uns de ses officiers, l'y suivit, et, comme si toutes les circonstances de ce sacrifice eussent dû en rappeler un autre déja indiqué par Clarendon, ce colonel Thomlison, agent et chef de brigands, qui avait cent fois blasphémé le roi et la royauté, se sentait dans ce moment converti à l'innocence, aux vertus et à la cause du roi Charles. Ce fut à lui que s'adressa le dernier discours de l'auguste patient. Se voyant séparé, par des légions rebelles, de la foule innombrable qui remplissait la place, Charles leva les yeux au ciel, et les reportant sur ce qui était autour de lui : « Ma voix, leur « dit-il, ne peut parvenir jusqu'à mon peuple. « Je me tairais si, dans ce moment, le dernier « et le plus solennel de ma vie, je ne devais à « Dieu et à ma patrie de protester devant vous, « au monde entier, que j'ai vécu honnête « homme, bon roi et vrai chrétien. » Il déduisit ces trois propositions avec une sérénité, une force et une douceur admirables. Après avoir prouvé qu'il n'avait fait qu'une guerre défensive contre un parlement aggresseur et rebelle ; après avoir pris Dieu à témoin que, loin d'avoir jamais voulu anéantir la liberté publique, il en mourait aujourd'hui le martyr, il ajouta que sa mort, injuste dans les décrets des hommes, ne l'était cependant pas dans les décrets de Dieu. « J'ai permis, dit-il, qu'un jugement « inique ôtât la vie au vice-roi d'Irlande, et je « la perds aujourd'hui par une sentence non « moins injuste que la sienne. » Il finit en priant pour ses bourreaux, en demandant au ciel le salut de *son malheureux royaume* et de *son malheureux peuple*, en indiquant les moyens qu'il croyait les plus capables de l'opérer, un concile national pour les affaires religieuses, et pour l'affaire politique le replacement de tous les pouvoirs dans leurs justes limites. « Rendez « à Dieu ce qui est à Dieu, et à César ce qui est « à César. Rendez à mes enfans et à mon peuple « ce que vous leur devez. » Ce discours fini, il prit des mains de l'évêque le bandeau sous lequel il releva lui-même ses cheveux. « Sire, lui « dit Juxon, il ne reste plus à votre majesté « qu'un pas à franchir ; il est douloureux, il est « difficile, mais il est court, et cette courte « douleur vous enlève à la terre, pour vous « porter dans le ciel à un bonheur sans fin. — « Je passe, répondit le roi, d'une couronne « caduque et corruptible à celle que ne peut « souiller aucune corruption. » En proférant ces paroles Charles, déposa son manteau, il détacha son collier de Saint-Georges, et le mit dans les mains de Juxon, avec ce seul mot : *Souvenez-vous.* Il chargea Thomlison de remettre au duc d'York une pierre précieuse gravée aux armes d'Angleterre ; fit présent à ce colonel lui-même de son étui d'or, et de sa montre à un autre ; se dépouilla de son habit, remit son manteau sur ses épaules, puis posant la tête sur le bloc, il ordonna qu'on le laissât encore adresser une prière à Dieu, et qu'on attendît , pour le frapper , qu'il en donnât le signal en élevant les bras vers le ciel. Son ordre fut respecté ; ses bras s'élevèrent ; un des exécuteurs masqués trancha sa tête d'un seul coup ; l'autre la montra au peuple , toute ruisselante de sang , et cria : « C'est la tête d'un traître, » Ce que produisit à Londres le spectacle , et dans les provinces la nouvelle de cette mort, est à peine rendu même dans le sublime tableau qu'en a tracé Hume. Toutes les douleurs , tous les remords éclatèrent avec violence. Bientôt de plus douces larmes coulèrent de toutes parts à la lecture de l'*Icon Basiliké*, espèce de journal que Charles avait écrit pendant le cours de ses longues infortunes , qu'il avait continué dans ses diverses prisons, où il peignait ses actions et ses sentimens, où il parlait tantôt à Dieu , tantôt aux hommes , et qu'enfin on avait intitulé , en le publiant : *Portrait du roi.* Milton lui-même comparait les effets de ce livre sur le peuple anglais , à ceux qu'avait produits sur le peuple romain le testament de César. Celui de Charles (1)

---

(1) On en fit plus de cinquante éditions en moins d'un ans. Ceux qui devaient en craindre la publicité , ou qui n'étaient pas dignes d'en recevoir les impressions , n'ont pas manqué de réduire en problême si c'était l'ouvrage du roi ou la supposition d'un royaliste. Hume nous paraît avoir résolu ce problême avec autant de sagesse que de

paraissait au moment de ses funérailles , qui n'eurent lieu que vingt-un jours après sa mort. Dès le matin du jour fatal , les quatre lords qui précédemment s'étaient offerts pour mourir à la place de leur maître , avaient demandé de pouvoir lui rendre les derniers devoirs. On leur avait permis de se trouver à la chapelle de Windsor le jour où le corps de leur souverain y serait transporté , et ils avaient pu , en attendant, commettre quatre serviteurs fidèles à la garde du cercueil, où le visage découvert du roi embaumé devait longtems attester aux regards publics que le meurtre avait été bien réellement consommé. Enfin , les lords furent avertis d'être à Windsor le 20 février. Ils s'y rendirent avec l'évêque Juxon et tous les serviteurs du feu roi. Le cercueil royal resta exposé pendant deux jours dans une chapelle ardente, et le troisième , en présence du gouverneur cromwellien , qui défendit à l'évêque de réciter les prières de la liturgie anglicane , le dernier consolateur et les derniers amis de l'infortuné Charles allèrent en silence le descendre dans le caveau particulier qui renfermait Henri VIII. Le

---

justice. Pierre Heylin fit imprimer quelques ouvrages de Charles Ier. , sous le titre de *Bibliotheca regia*, Londres, 1649, in-8°. Un autre recueil plus complet, en anglais, parut à Londres en 1662 , in-fol.

roi vertueux , immolé par la fureur des sectes , devait reposer auprès du tyran monstrueux qui avait allumé cette fureur...... Douze ans s'écoulèrent, et la mémoire du royal martyr fut consacrée par une solennité religieuse, qui , le 3o janvier de chaque année, se célèbre dans toute l'Angleterre , qui ferme tous les spectacles, qui fait vaquer tous les tribunaux , qui fait retentir tous les temples d'hommages à la vertu immolée et d'invocations à la clémence divine.,. »...

————————

« FORMULAIRE de prières avec jeûne (dit la lithurgie anglicane), dont l'on usera tous les ans, le 3o[e]. jour de janvier, jour du martyre du Roi Charles 1er. , de bienheureuse mémoire, pour implorer la miséricorde de Dieu, afin que ni le crime d'avoir versé ce sang innocent et sacré, ni ces autres péchés par lesquels Dieu a été obligé de livrer nous et notre Roi entre les mains de gens cruels et déraisonnables, ne nous soient point imputés à l'avenir, ni à nous ni a notre postérité.

« Dans l'ordre des prières du matin le ministre commencera par une ou plusieurs de ces sentences :

« Les miséricordes et les pardons sont du Seigneur notre Dieu, car nous nous sommes rebellés contre lui, et n'avons point écouté

la voix de l'Éternel notre Dieu , pour che-
miner en ses lois, qu'il a mises devant nous.
Dan. 9 , 7 , 10.

« O Éternel ! châtie-moi , toutefois par
mesure , non pas en la colère , de peur que
tu ne me réduises à néant. *Jér.* 10 , 24.

« Il a ouï le blasphême de la multitude ,
et la frayeur s'est répandue de tous côtés ,
pendant qu'ils consultaient ensemble contre
lui pour lui ôter la vie. *Pseaume* 31 , 14.

« Ils ont tenu de lui des discours pleins
de mensonge et de haine , et lui ont fait la
guerre sans cause. *Ps.* 109 , 2 , 5.

« Même ses plus familiers amis , en qui il
avait confiance, ceux qui mangeaint de son
pain , lui ont dressé des embuches *Ps.* 41 , 10.

« Il lui ont rendu le mal pour le bien , au
grand chagrin de son âme. *Ps.* 35 , 12.

« Ils ont consulté ensemble , disant : Dieu
l'a abandonné , poursuivez et le saisissez ; car il
n'y a personne pour le délivrer. *Ps.* 71 , 10 , 11.

« De faux témoins se sont aussi élevés contre
lui , et l'on accusé de choses dont il ne savait
rien. *Ps.* 35 , 11.

« Pour les péchés du peuple , et pour les
iniquités des sacrificateurs , ils ont répandu
le sang du juste au milieu de Jérusalem.
Lam. 4 , 13.

« O Dieu ! Dieu de notre salut , délivre - nous

du crime d'effusion de sang, et notre langue chantera hautement ta justice. *Ps.* 51, 16, etc.

« Le peuple dira ce qui suit, après le ministre:

« Convertis-nous, ô Seigneur bon Dieu! et nous serons convertis ; sois favorable à ton peuple qui se retourne vers toi avec larmes, avec jeûnes et avec prières ; car tu es un Dieu miséricordieux, plein de compassion, de longue attente, et abondant en gratuité : tu nous épargnes quand nous méritons d'être châtiés ; et au milieu même de ta colère, tu te souviens d'avoir pitié. Sois propice à ton peuple, ô bon Dieu! sois lui propice, et ne permets point que ton héritage soit réduit à néant. Et exauce-nous, ô Seigneur! car ta miséricorde est grande; et selon la multitude de tes compassions aies pitié de nous, par les mérites et par la médiation de J. C., ton fils bien aimé, notre Seigneur, *Amen.*

« Après la prière pour l'Eglise universelle, etc., on s'est servi successivement des collectes suivantes :

« Dieu très-benin, très-juste et très-puissant, qui a permis qu'en un même jour que celui d'aujourd'hui, ton cher serviteur le feu Roi Charles Ier., notre redoutable Souverain, fût abandonné à la furie et aux outrages des méchans, pour en être indignement traité et cruellement mis à mort : quoique nous ne puissions penser à une action si infâme qu'avec horreur et avec étonnement ; si est-ce que c'est avec une très-profonde reconnaissance que nous faisons commémoration des gloires et de la grâce que tu fis reluire alors en la personne de ton Oint, lui ayant voulu donner une mesure extraordinaire d'une patience, d'une débonnaireté et d'une charité exemplaire jusques à l'heure même de la mort et en la présence de ses cruels ennemis. Et quoique tu leur aies permis de pousser leur violence contre lui jusqu'à lui ôter la vie et à se mettre en possession de son trône : si est-ce Dieu de miséricorde que tu as conservé son Fils, à qui ce trône appartenait de droit, et l'ayant enfin ramené de son exil par un effet miraculeux de ta providence, tu l'y a fait monter pour rétablir la vraie religion au milieu de nous, et pour y affermir la paix : pour toutes lesquelles choses nous glorifions ton nom. Par J. C. notre benin Sauveur. *Amen*, etc. »

« Seigneur, notre Père Céleste, qui ne nous a point châtiés selon que nos péchés le méritaient ; mais qui t'es souvenu d'avoir pitié, même en exerçant tes jugemens ; nous reconnaissons que c'est un effet singulier de ta faveur, qu'encore qu'à cause du nombre et de la grandeur des péchés par lesquels nous avons provoqué ton indignation, tu aies souf-

fert que ton oint tombât ce jour entre les mains
de personnes si violentes et si affamées de
sang, qui le massacrèrent barbarement, tu ne
nous as pourtant point laissés pour jamais,
comme des brebis sans pasteur; mais tu nous
a miraculeusement conservés par ta favorable
providence la véritable héritière de sa couronne
la Reine Anne, notre débonnaire souveraine,
la garantissant de ses ennemis sanguinaires,
et la cachant sous l'ombre de tes ailes, jusques
à ce que la tyrannie ait été à bout, et la
ramenant au tems propre que tu avais assigné
pour s'asseoir en paix sur le trône de son père,
et pour exercer sur nous l'autorité que tu lui as
donnée par un effet de ta grâce tout-à-fait
spéciale. Nous te rendons nos très-humbles
actions de grâces, du plus intime de nos cœurs,
pour ces grandes et inénarrables faveurs que
nous avons reçues de toi, te suppliant de continuer à la couvrir de ta favorable protection,
et de lui donner un règne long et heureux sur
nous : ainsi, nous qui sommes ton peuple,
t'en rendrons des actions de grâces éternelles, et
célébrerons tes louanges de génération en génération. Par J. C. N. S. *Amen.*

« Et nous te supplions, ô Seigneur ! que ce
monde soit si paisiblement gouverné par ton
bon Esprit, que ton Église te puisse servir en
joie et en sainteté, Par J. C. N. S. *Amen.*

Les deux dernières journées de Louis XVI.

Pour rendre à jamais vénérable la mémoire de Louis XVI, il suffirait de rapporter les deux dernières journées de cet infortuné monarque, et la manière sublime dont il termina le sacrifice de sa vie; mais, forcés d'abréger, nous emprunterons au moins les détails authentiques qui suivent, chez des écrivains témoins oculaires de ce qu'ils racontent.

« Dans la soirée du 20 janvier, le ministre de la justice introduisit l'abbé Edgeworth de Fermond au Temple. Aussitôt que l'abbé Edgeworth parut, le ministre de la justice et les membres de la commune se retirèrent. Le Roi ferma la porte sur eux et s'avança vers l'ecclésiastique; dont le premier mouvement fut de se jeter à ses pieds, de lui baiser les mains et de les arroser de ses larmes. Le Roi s'attendrit, et lui dit en le relevant : « Monsieur l'abbé, je ne vois depuis « longtems autour de moi que des hommes mé- « chans, et mes yeux y sont accoutumés; mais « la vue d'un sujet fidèle me pénètre jusqu'au « fond de l'âme; je ne puis plus retenir mes « larmes. »

« Ce pemier mouvement d'émotion passé, le Roi conduisit l'abbé Edgeworth dans son cabinet, le fit asseoir, lui lut son testament et s'entretint avec lui. Après cette conversation, il s'occupa de la dernière entrevue qu'il devait avoir avec sa famille. Le décret de la convention portait qu'il pourrait voir sa famille sans témoins ; mais la commune avait pris un arrêté qui enjoignait à ses commissaires au Temple de ne perdre le Roi de vue ni le jour ni la nuit. Pour concilier ces deux décisions contradictoires, il fut convenu entre les commissaires et le ministre, que le Roi recevrait sa famille dans la salle à manger, de manière à être vu par le vitrage de la cloison ; mais qu'on fermerait la porte pour qu'il ne fût pas entendu.

« Cette scène déchirante des derniers adieux eut lieu à huit heures et demie. La Reine parut la première, tenant son fils par la main ; vinrent ensuite madame Royale et madame Elisabeth. Tous se précipitèrent dans les bras du Roi. Un morne silence régna pendant quelques minutes, et ne fut interrompu que par des sanglots. La Reine fit un mouvement pour entraîner Sa Majesté vers sa chambre. « Non, dit le Roi, passons « dans cette salle, je ne puis vous voir que là. » Ils y entrèrent, et Cléry en ferma la porte vitrée. Le Roi s'assit, la Reine à sa gauche, madame Elisabeth à sa droite, madame Royale presqu'en face de lui, et le jeune prince resta debout entre les jambes du Roi ; tous étaient penchés vers lui et le tenaient souvent embrassé. Cette scène de douleur dura sept quarts-d'heure, pendant lesquels il fut impossible de rien entendre ; on voyait seulement qu'après chaque phrase du Roi les sanglots des princesses redoublaient, duraient quelques minutes, et qu'ensuite le Roi recommençait à parler. Il fut aisé de juger, à leurs mouvemens, que lui-même leur avait appris sa condamnation.

« A dix heures un quart, le Roi se leva le premier, et tous le suivirent. Cléry ouvrit la porte : la Reine tenait le Roi par le bras droit ; leurs Majestés donnaient chacun une main à M. le Dauphin. Mme. Royale, à la gauche, tenait le Roi embrassé par le milieu du corps : Mme. Elisabeth du même côté, mais un peu plus en arrière, avait saisi le bras gauche de son auguste frère ; ils firent quelques pas vers la porte d'entrée, en poussant les gémissemens les plus douloureux. *Je vous assure*, dit le Roi, *que je vous verrai demain matin, à huit heures. — Vous nous le promettez ?* répétèrent-ils tous ensemble. *— Oui, je vous le promets, adieu !* . . Il prononça cet adieu d'une manière si expressive, que les sanglots redoublèrent. Mme. Royale tomba évanouie aux pieds du Roi, qu'elle tenait embrassés. Le Roi, voulant mettre fin à cette scène

déchirante, leur donna les plus tendres embrassemens, et eut la force de s'arracher de leurs bras.
Adieu!.. Adieu!.. dit-il; et il se retira dans
sa chambre, sans proférer une seule parole, et
cachant son visage dans ses mains. En entrant,
il se jeta à genoux, et passa presque toute la soirée en prières; il se déshabilla, se mit au lit, et
dormit paisiblement jusqu'à cinq heures du matin, que Cléry le réveilla, ainsi qu'il le lui avait
ordonné. Ce fidèle serviteur était noyé de larmes;
Louis lui dit : *Cléry, vous avez tort de vous af-
fecter si fortement ; ceux qui ont encore de l'a-
mitié pour moi, doivent, au contraire, se réjouir de me voir arriver au terme de mes souffrances.*

« Pendant toute la matinée, il ne laissa échap-
per aucune marque de faiblesse ou de crainte.
L'abbé de Fermond célébra la messe dans l'appartement de Louis. A huit heures et demie,
Santerre, accompagné des municipaux Jacques
Roux et Pierre Bernard, se présenta devant lui
et lui signifia l'ordre qu'il venait de recevoir de
le faire conduire au supplice. Louis XVI voulut
remettre à Jacques Roux son testament pour le
faire parvenir à la commune; Jacques Roux
le refusa, en disant : *Je ne suis chargé que de
vous conduire à l'échafaud. — Ah! c'est juste,*
répondit Louis, sans manifester la plus légère
indignation. Un autre municipal s'en chargea.

5

Le Roi donna à Cléry un cachet, un anneau d'alliance sur lequel étaient gravés l'époque de son mariage et les lettres initiales du nom de la Reine, et un paquet de cheveux.

« Vous remettrez, lui dit-il, ce cachet à mon
« fils...., cet anneau à la Reine : dites-lui bien
« que je la quitte avec peine.... Ce petit paquet
« renferme des cheveux de toute ma famille,
« us le lui remettrez aussi.... Dites à la Reine,
« à mes enfans, à ma sœur, que je leur avais
« promis de les voir ce matin, mais que j'ai vou-
« lu leur épargner la douleur d'une séparation
« si cruelle : combien il m'en coûte de partir
« sans leurs derniers embrassemens !.... « Il essuya quelques larmes, puis il ajouta, avec l'accent le plus douloureux : « Je vous charge de leur faire mes adieux. » S'adressant aux munici-paux, il leur recommanda toutes les personnes attachées à son service, et les pria de placer Cléry auprès de la Reine. Ensuite, regardant fixement Santerre et ses satellites, il leur dit, d'une voix noble et ferme : *Marchons*.

« Ce furent les dernières paroles qu'il pro-nonça dans son appartement. A l'entrée de l'es-calier il rencontra Mathey, concierge de la tour, et lui dit : « J'ai eu un peu de vivacité avant-hier
« envers vous, ne m'en veuillez pas. » Mathey ne répondit rien, et affecta même de se retirer lorsque le Roi lui parla.

« Louis traversa d'un pas ferme la cour du Palais ; en tournant à diverses reprises les yeux vers l'endroit où était renfermée sa famille, on le vit faire un mouvement convulsif, comme pour rappeler sa fermeté. Arrivé à la voiture, qui était celle du maire, il y monta : son confesseur se mit près de lui ; un lieutenant de gendarmerie, ainsi qu'un maréchal-des-logis se mirent en face. Pendant six heures, toutes les maisons fermées sous peine de mort rendirent Paris semblable à un désert. Toute la route, depuis le Temple jusqu'à la place ci-devant de Louis XV, était bordée sans intervalle de deux rangs de soldats sur quatre de front : la place du Carrousel et ses environs étaient hérissés de canons. Cent mille hommes environ furent mis sous les armes ; sur ces cent mille hommes, a dit le comte de de Lally-Tolendal, il y avait *quatre-vingt mille victimes qui en conduisaient un autre à l'autel de la mort*. On remarquait l'épouvante sur tous les visages : on vit couler des larmes ; mais ce fut la seule marque d'intérêt que le malheureux monarque reçut sur sa route et dans une infortune sans exemple.

« Louis XVI fut près de deux heures en chemin. Arrivé à la place de la Révolution, il recommanda aux gendarmes son confesseur ; et comme ils ne répondaient rien d'abord, le Roi ajouta : *Je vous charge de veiller à ce qu'il ne lui arrive rien après sa mort.* Louis monta sur l'échafaud, qui devint pour lui l'arc de triomphe qui l'a mené à la gloire , il ôta lui - même son habit et son col , et resta vêtu de blanc. Les trois bourreaux chargés de l'exécution lui dirent qu'il fallait lui lier les mains et lui couper les cheveux. *Lier mes mains !* dit-il avec vivacité ; *oh ! je suis sûr de moi :* et se remettant aussitôt, il leur dit : *faites ce qu'il vous plaira, c'est le dernier sacrifice.* Il s'avança ensuite sur le bord de l'échafaud, et prononça d'une voix haute et ferme les paroles suivantes :

« *Je meurs innocent de tous les crimes que l'on m'impute ; je pardonne à mes ennemis ; je prie Dieu de leur pardonner comme moi, et de ne pas venger sur la nation française le sang que l'on va répandre. Et vous , peuple infortuné. . !*

« **A** ces mots, Santerre cria au bourreau : *fais ton devoir.* Il donna en même tems un signal , et le roulement de tous les tambours empêcha Louis de parler davantage. Les trois exécuteurs saisirent leur victime et l'inclinèrent sous la hache fatale. Son confesseur lui adressa ces sublimes et consolantes paroles : *Allez , fils de saint Louis, montez au ciel !* Au même instant le fer tomba, sa tête fut séparée de son corps et montrée au peuple. . . . »

Ainsi fut consommé le régicide pour lequel nous implorons aujourd'hui la miséricorde divine.

Translation à Saint-Denis. — Marche de la pompe funèbre. — Obsèques. — Sépulture. — Oraison funèbre par Mgr. de Boulogne, évêque de Troyes.

L a translation à Saint-Denis de la dépouille mortelle du Roi Louis XVI et de la Reine Marie-Antoinette, archiduchesse d'Autriche, a eu lieu aujourd'hui. Le cortège est parti de la rue d'Anjou à neuf heures du matin, et est arrivé à Saint-Denis vers midi; l'ordonnance en était simple et majestueuse; sur tous les lieux de son passage, il a marché entre une double haie de spectateurs nombreux dans une attitude grave et silencieuse, et dans le recueillement profond que commandait l'objet d'une telle cérémonie. Une grande partie des habitans de Paris s'était rendue à Saint-Denis; une autre portion non moins considérable affluait dans les diverses églises de la capitale. L'ordre le plus parfait a régné.

Tous les régimens de la garnison de Paris ont pris les armes à sept heures du matin, et sont venus border la haie depuis la rue d'Anjou-Saint-Honoré jusqu'à la barrière Saint-Denis.

Monsieur est parti à huit heures du matin du château des Tuileries , avec Mgr. duc d'Angoulême et Mgr. duc de Berri, s'est rendu chez M. Descloseaux, et a posé la première pierre du monument qui doit être élevé sur l'endroit où reposaient les corps du roi Louis XVI et de la Reine sa femme.

Les restes précieux de LL. MM., qui avaient été déposés dans leurs cercueils, ont été portés sur un char funèbre par douze gardes de la Manche de la compagnie Ecossaise des gardes-du-corps du Roi. Le cortège s'est mis en marche dans l'ordre suivant :

Un détachement de gendarmerie , fort en avant , ouvrait la marche.

Venait ensuite un escadron des hussards du régiment du Roi , ayant en tête son colonel et les trompettes du régiment.

Les compagnies de grenadiers et voltigeurs du régiment du Roi et de la Reine , infanterie légère et infanterie de ligne, portant l'arme sous le bras gauche, marchaient en colonne serrée, ayant avec elles leurs drapeaux et musique, et en tête leurs colonels.

M. le gouverneur de la 1re. division militaire avec l'état-major-général.

Un demi-escadron de la garde nationale de Paris à cheval.

Un détachement de la garde nationale à pied.

M. le lieutenant-général comte Dessolle avec l'état-major de la garde nationale.

Un demi-escadron de grenadiers à cheval de la garde du Roi, M. le marquis de la Roche-Jacquelin, capitaine, et les officiers à leur tête.

Le premier carosse du cortège était occupé par M. le comte de la Ferronnaye, premier gentilhomme de la chambre de Mgr. duc de Berri ; M. le comte de Nantouillet, son premier écuyer ; M. le comte de Damas-Crux, pemier gentilhomme de la chambre de Mgr. le duc d'Angoulême, et M. le duc de Guiche, son premier écuyer.

Dans le deuxième carosse, M. le vicomte de Montmorency, chevalier d'honneur de Madame, duchesse d'Angoulême ; M. le vicomte d'Agoult, son premier écuyer ; M. l'abbé de la Farre, ancien évêque de Nancy, son premier aumônier.

Dans le troisième, M. le duc de Fitz-James ; premier gentilhomme de la chambre de Monsieur, M. le comte François d'Escars, son capitaine des gardes ; M. le comte Armand de Polignac, son premier écuyer ; M. l'abbé de Lattil, son premier aumônier.

Un demi-escadron de mousquetaires de la seconde compagnie, et un demi-escadron de mousquetaires de la première, leurs officiers en tête avec leur musique.

Un demi-escadron de chevau-légers de la garde du Roi avec leurs trompettes et timballes, les officiers en tête.

Dans le quatrième, M. Hüe, premier valet-de-chambre du Roi; M. d'Aubier, gentilhomme ordinaire; un écuyer de main et deux officiers de la chambre du Roi.

Dans le cinquième, cinq officiers de la chambre du Roi.

Dans le sixième, M. le Bailly de Crussol, M. le duc de Choiseul, M. Descloseaux.

Dans le septième, M. le duc de Coigny, M. le comte de Vaudreuil, M le marquis de la Suze, M. le comte d'Escars, M. le marquis de Talaru.

Quatre chevaux-légers.

Dans le huitième, M. le comte Barthelemi, vice-président de la chambre des pairs; M. Lainé, président de la chambre des députés; M. le maréchal duc de Dalmatie, ministre de la guerre, et M. le maréchal duc de Reggio, ministre d'état.

Dans le neuvième, M. le duc de Lorge, M. le duc de Lavauguyon, M. le marquis de Choiseul, tous trois anciens menins du Roi Louis XVI, et M. le duc de Noailles.

Dans le dixième, un aumônier du Roi, un aumônier de la Reine, M. le curé de la paroisse de la Madeleine.

Dans le onzième, M. de Vintimille, évêque de Carcassonne , nommé pour remplacer M. le grand-aumônier , qui était indisposé ; M. le duc de Richelieu , premier gentilhomme de la chambre , nommé par le Roi comme le plus ancien titulaire, non d'année , pour remplir ses fonctions dans cette cérémonie ; M. le comte de Blacas , grand-maître de la garde-robe de S. M.

Le carosse dans lequel étaient Monsieur, Mgr. duc d'Angoulême et Mgr. duc de Berri.

Quatre hérauts d'armes à cheval.

Le roi d'armes à cheval.

Le grand-maître, le maître et les aides des cérémonies à cheval.

Deux écuyers du Roi à cheval.

Les capitaines des quatre compagnies rouges aux petites roues du char.

Le char.

Six gardes-du-corps de la Manche à droite et à gauche , tout auprès du char : trente cent-suisses sur les ailes , le capitaine à cheval à leur tête , accompagnant jusqu'à la barrière Saint-Denis.

En l'absence du grand-écuyer, l'écuyer commandant les écuries du Roi à cheval.

Le capitaine des gardes-du-corps.

.. Les officiers derrière lui.

Un escadron des gardes-du-corps du Roi derrière leurs officiers.

Un demi-escadron de gendarmes de la garde du Roi fermant la marche des troupes de la maison de S. M.

Un détachement des gardes - du - corps de Monsieur.

Le carosse du corps de Monsieur.

Celui de Mgr. duc d'Angoulême.

Celui de Mgr. duc de Berri.

Un demi-escadron de la garde nationale à cheval.

Un escadron des dragons du Roi.

Une batterie d'artillerie de campagne se trouvait à la barrière de Saint-Denis , où elle attendait le convoi qu'elle a suivi en tirant un coup de canon par minute.

Le régiment des chasseurs du Roi bordait la route de Paris à Saint-Denis.

Le 12e. régiment d'infanterie légère occupait Saint-Denis avec trois escadrons de hussards du Roi et une seconde batterie d'artillerie.

La garde nationale de Saint-Denis était sous les armes sur la place de l'Abbaye.

Les tambours et instrumens étaient voilés de serge noire. Les drapeaux et étendards avaient des crêpes.

Un recueillement profond et religieux régnait parmi la foule immense qui s'était portée sur les endroits où devait passer le cortège.

✗Le cortège arrivé devant l'abbaye, à Saint-Denis, les corps du Roi et de la Reine ont été retirés du char par les gardes de la Manche, portés par eux à l'église, reçus par tout le clergé, et présentés à M. l'évêque d'Aire officiant, par M. l'évêque de Carcassonne, nommé pour représenter le grand-aumônier. Ils ont été ensuite placés dans le catafalque élevé au milieu du chœur de l'église. ✗

Monsieur, Mgr. duc d'Angoulême, Mgr. duc de Berri, après s'être retirés un moment dans leur appartement, sont rentrés à l'église, suivis des princes et princesses du sang.

Les places étaient disposées de la manière suivante :

Monsieur, Mgr. duc d'Angoulême, Mgr. duc de Berri, princes du grand deuil ; Mgr. le duc d'Orléans et Mgr. le prince de Condé, occupaient les premières stalles hautes à droite dans le chœur ; S. A. R. Mme. la duchesse d'Orléans, Mme. la duchesse de Bourbon et Mlle. d'Orléans, princesses du grand deuil, occupaient les stalles hautes vis-à-vis. Après les princes, étaient deux stalles vides ; et, dans les quatre hautes stalles suivantes : M. le comte

Barthélemy, M. Lainé, M. le maréchal duc de Dalmatie, ministre de la guerre, M. le maréchal duc de Reggio, ministre d'Etat, qui avaient été nommés par le Roi pour porter les quatre coins du poële, au moment où l'on conduirait les cercueils à la tombe.

Dans les stalles hautes et basses, à droite et à gauche, étaient placées des députations de la cour de cassation, de la cour des comptes, du conseil de l'université, de la cour royale, du corps municipal et du tribunal de première instance.

Le chœur était occupé par les grands et principaux officiers de la maison du Roi et de celles des princes, par quatre des ministres de S. M., et par les personnes que le Roi avait nommées pour être du cortège.

L'empressement général de rendre les derniers devoirs au Roi Louis XVI et à la Reine sa femme, et le respect pour leur mémoire, avaient attiré à Saint-Denis un grand nombre de MM. les maréchaux de France, de MM. les membres de la chambre des pairs et de la chambre des députés, de MM. les grands-croix de l'Ordre de Saint-Louis, de MM. les grands-cordons de la Légion-d'honneur, de MM. les lieutenans-généraux et maréchaux-de-camp, qui ont été placés également dans le chœur, ainsi que M. le lieutenant-général comte Dessolle, major-général des gardes nationales du Royaume, avec l'état-major, et M. le lieutenant-général comte Maison, gouverneur de la 1re. division militaire, avec l'état-major-général.

S. M., qui n'avait pas douté des sentimens qui se sont manifestés, avait ordonné au grand-maître des cérémonies de faire réserver des places à tous ceux de ces messieurs qui se présenteraient individuellement.

La gouvernante des enfans de France, les dames du palais de la Reine, femme du Roi Louis XVI, et les dames de MADAME, duchesse d'Angoulême, occupaient des bancs à gauche et près du catafalque.

Quatre cents des demoiselles, filles de membres de la Légion d'honneur, qui habitent l'ancienne abbaye de Saint-Denis, étaient placées sur des banquettes dans la croisée du chœur, près de l'autel.

Le service divin a commencé.

Les princes et princesses du grand deuil ont été, suivant l'usage, conduits par les officiers des cérémonies à l'offrande, après laquelle l'oraison funèbre a été prononcée par M. l'évêque de Troyes.

Après les absoutes, les corps du Roi et de la Reine ont été descendus dans le caveau.

Dans toutes les cérémonies qui ont eu lieu jusqu'à ce jour, il n'en est aucune où la bonté du Roi et de son auguste famille n'ait fourni l'occasion de remarquer les circonstances attendrissantes qui n'appartiennent qu'au caractère adorable de nos princes.

Monsieur, Mgr. duc d'Angoulême, Mgr. duc de Berri, descendus dans le caveau où doivent reposer à jamais les restes précieux que les voies de la Providence nous ont fait retrouver, et prosternés sur le tombeau de leur Roi, n'ont laissé qu'un regret à ceux que les devoirs de leur place appelaient dans ce triste lieu, c'est que la France entière n'ait pas été témoin de leur profonde vénération et de leur pieuse douleur.

Des salves d'artillerie ont annoncé le matin le départ du convoi, et se sont renouvelées pendant le service à Saint-Denis, et au moment de l'inhumation.

Dans cette imposante et douloureuse solennité, tous les cœurs se sont montrés réunis dans un sentiment commun auquel on a reconnu sous ses véritables traits le caractère national. Si quelqu'objet eût pu distraire un moment la pensée des sentimens et des souvenirs dont elle était occupée, c'eût été l'aspect de ces beaux corps d'élite de l'armée et de la garde nationale, qui, dans une attitude noble et silencieuse, laissaient assez remarquer l'impression profonde qu'ils éprouvaient, et particulièrement la vue de cette Maison du Roi, dont un certain nombre de spectateurs pouvaient seuls reconnaître les couleurs et les signes distinctifs avec un sentiment qui n'a pas besoin d'être défini, mais qui frappait tous les regards par l'éclat de sa brillante tenue, et tous les esprits par le souvenir des évènemens mémorables auxquels son nom se rattache.

M. le comte de Lussac, commandant d'escadron des chevau-légers, y tenait la place de M. le comte Charles Damas, capitaine-lieutenant de cette compagnie, et M. le comte Foulers, commandant d'escadron de la première compagnie des mousquetaires, celle de M. le comte de Nansouty, la santé de M. le comte Charles de Damas et de M. le comte de Nansouty ne leur ayant pas permis de faire leur service.

M. le marquis de Vernon, écuyer commandant les écuries du Roi, marchait à la place de M. le grand-écuyer.

M. de Noailles, prince de Poix, capitaine des gardes-du-corps, nommé par S. M. comme le plus ancien titulaire de cette charge, commandait l'escadron de service, les différens détachemens de la maison militaire du Roi, et avait la garde des corps de LL. MM.

Les dames que le Roi avait désignées pour assister aux obsèques, étaient Mme. la marquise de Tourzel, gouvernante des enfans de France ; Mme. la duchesse de Duras, douairière ; Mme. la duchesse de Luynes ; Mme. la marquise de la Roche-Aimon, anciennes dames du palais de la Reine Marie-Antoinette. La santé de Mme. la princesse d'Hénin ne lui a pas permis de s'y trouver ; elle n'a pu qu'assister au service dans la chapelle du Roi, aux Tuileries.

Les dames de MADAME duchesse d'Angoulême étaient, Mme. la comtesse de Damas-Crux, dame d'honneur en survivance : Mme. la duchesse de Sérent, sa mère, était restée auprès de MADAME ; Mme. la comtesse de Choisy, dame d'atours ; Mme. la comtesse de Béarn, Mme. la comtesse de Biron, Mme. la marquise de Saint-Maur, Mme. la vicomtesse de Vaudreuil, Mme. la marquise de Rougé, et Mme. la comtesse de Guyon, dames pour accompagner MADAME.

Les quatre ministres de S. M. qui se trouvaient dans l'église de Saint-Denis, étaient M. le comte Beugnot, ministre et secrétaire-d'état de la marine, M. le baron Louis, ministre-secrétaire-d'état des finances, M. le comte de Jaucourt, ministre d'état chargé par intérim du portefeuille des affaires étrangères, et M. l'abbé de Montesquiou, ministre et secrétaire-d'état de l'intérieur.

(81)

M. le duc d'Havré , capitaine des gardes en quartier, a donné tous les ordres nécessaires à la formation du détachement des cent gardes-du-corps qui ont fait partie du cortège.

M. le prince de Wagram et M. le duc de Raguse, capitaines des gardes-du-corps du Roi, assistaient également au service.

On voyait avec attendrissement auprès de celui qui avait conservé les restes précieux du Roi et de la Reine, M. de Sèze, qui avait été l'un des défenseurs du Roi.

On a le regret de ne pouvoir citer les noms de toutes les personnes qui se sont empressées dans cette journée d'apporter le tribut de leur hommage et de leur douleur.

M. le duc de Duras, premier gentihomme de la chambre du Roi, d'année, avait ordonné tous les préparatifs fait dans l'église d'après l'état qui en avait été remis par le grand-maître des cérémonies. On a remarqué la beauté des dispositions et des travaux exécutés, d'après ses ordres, avec une promptitude extrême.

Précis de l'Oraison funèbre prononcée par Mgr. de Boulogne, évêque de Troyes.

C'est au milieu de l'auguste cérémonie et après l'offrande, qu'on a vu paraître dans la chaire évangélique ce Prélat, chargé par le Roi de l'honorable mission de prononcer l'oraison

6

funèbre de Louis XVI : singulière destinée que celle de cet orateur chrétien si justement célébré ! Son début dans la carrière de l'éloquence a été l'éloge de Louis, Dauphin de France, père de Louis XVI ; et voilà que trente ans après il termine cette même carrière, si glorieusement parcourue, par l'oraison funèbre du fils devenu Roi, et mort sur un échafaud. C'est le 12 janvier seulement que la volonté de S. M. lui a été connue : c'est le 19 qu'il a eu l'honneur de lire son discours au Roi ; il n'a donc eu que huit jours pour composer et pour apprendre un discours, dont la gravité et l'importance auraient effrayé Bossuet lui-même. L'orateur s'est servi habilement de cette circonstance dans son exorde, pour se concilier l'indulgence de ses auditeurs dont il n'avait cependant guère besoin : nous en jugerons par les morceaux suivans que nos lecteurs nous sauront gré de leur faire connaître. L'orateur avait choisi pour texte ces paroles :

« *Et dixit David ad Abisaï : ne interficias eum ; quis enim extendet manum suam in christum Domini, et innocens erit ?* David dit à Abisaï : gardez-vous d'attenter à sa vie ; car quel est celui qui portera la main sur l'oint du Seigneur, et sera innocent de crime ? 1 *Reg.* 26,9.

« C'est ainsi que David témoignait son horreur et son indignation profonde contre cet Amalécite barbare qui lui donnait le perfide conseil d'immoler Saül à sa vengeance. Saül était un mauvais prince que Dieu n'avait donné à son peuple que pour le punir de son ingratitude et de son inconstance, et qui devait, dans sa chûte fatale, entraîner sa malheureuse postérité. Et cependant David recule d'horreur à la seule idée du meurtre de ce roi réprouvé que poursuivaient tout à-la-fois et les remords de sa conscience et les troubles de son esprit, parce qu'il était l'oint du Seigneur, et que l'indignité de l'homme ne pouvait effacer en lui la consécration et la majesté du monarque. Mais si telle était la haute idée que le prophète avait de l'auguste dépositaire du suprême pouvoir, alors même qu'il en abuse, et qu'il le laisse avilir dans ses mains, qu'aurait-il dit et de quel surcroit de surprise et d'horreur n'aurait-il pas été saisi, si Saül, comme le prince infortuné, objet éternel de nos regrets et de nos larmes, eût été le modèle de toutes les vertus royales : un roi plus jaloux de faire chérir son pouvoir que de le faire craindre, et auquel il ne manqua, pour être un prince accompli, que d'avoir le courage de toutes ses vertus : et de quelle malédiction n'aurait-il donc pas frappé les sacrilèges qui ont porté leurs mains sur l'héritier de tant de rois, plus grands et plus illustres que ne le furent autrefois ceux d'Israël et de

Juda, et ont violé tout à-la-fois dans sa personne auguste, la triple majesté du trône, du malheur et de la vertu.

« . . . Et nous, messieurs, que dirons-nous? que ferons nous? quelle sera notre douleur, quelles seront nos plaintes et nos lamentations, dans ce funèbre et déplorable anniversaire, où la tête sacrée du meilleur de nos rois tomba sous le fer des parricides ? Le plus grand de nos orateurs cherchait dans un discours semblable des lamentations qui égalassent les calamités, et moi je ne trouve ici que des calamités qui surpassent les lamentations. . . . Quel est le cœur français, quel est le cœur chrétien qui ne se sente pressé de faire de ce jour, le plus horrible de notre histoire, un jour de deuil, de repentir et de pénitence ; et qui déja n'ait dévancé par ses vœux cette amende honorable nationale, ce sacrifice et cette expiation divine que nous allons offrir à la mémoire de la plus auguste victime qui jamais ait été immolée par la fureur des factions et par l'impiété en délire?

Mais que vois-je ? et quel est donc ce monument qui fixe ici tous les regards et plus encore tous les cœurs ! il est donc vrai, et nos yeux ne nous trompent point ! il est donc vrai que nous les possédons ces restes , j'ai presque dit ces reliques précieuses que nous croyions anéanties ; et que nous pourrons désormais pleurer sur le tombeau de ces deux augustes époux, si dignes l'un de l'autre, et qui, par leur tendresse mutuelle, ont merité de n'avoir que le même sépulchre après leur mort, comme ils n'ont eu qu'un même cœur et les mêmes infortunes pendant leur vie? Comment ces dépouilles sacrées ont-elles échappé à ces mains doublement sacrilèges, qui violaient à-la-fois et les autels et les tombeaux? Comment les régicides intéressés à les soustraire à nos respects, n'ont-ils donc pas cherché à faire disparaître, jusqu'aux moindres vestiges, ces cendres vénérables, et ce tombeau accusateur, le plus grand et le plus redoutable témoin de leur crime et de leur opprobre? N'en doutons pas, messieurs, c'est le miracle de la providence; c'est le même miracle qui a sauvé son testament, le plus beau titre de sa gloire; c'est le miracle qui a sauvé les dépouilles mortelles de son vertueux père ; qui a sauvé cette auguste basilique aussi ancienne que la monarchie; et qui, par un privilége unique, est à-la-fois le berceau de nos rois et leur dernier asile. C'est enfin le même miracle qui a sauvé la monarchie, qui nous a sauvés tous, et qui nous sauvera encore, s'il le faut, par de nouveaux miracles. Bénie soit mille fois la main pieuse qui les a recueillis ! Quel héritage pour sa famille auguste, et quel trésor pour la nation, que ces précieux et vénérables ossemens qui prophétiseront, ainsi que ceux dont parle le prophète ; dont les sacrés oracles instruiront les rois à trembler sous la main de celui qui juge les rois ; où chacun apprendra à mourir et à pardonner ; où tous les malheureux viendront se consoler, en se rappelant des misères et des infortunes qui ont épuisé toutes les infortunes et toutes les misères ; où les Français viendront puiser, dans ces trophées de la mort, une nouvelle vie, une nouvelle surabondance de fidélité et d'amour !

« Qu'attendez-vous de moi, Messieurs, dans cette grande et mémorable circonstance ? Exigerez-vous que *ma langue*, ainsi que celle du prophète, *aille aussi vîte que ma plume* ? et que notre obéissance à l'ordre glorieux que nous avons reçu nous tienne lieu de facilité et de talent ? Exigerez-vous que notre dévouement puisse suppléer à-la-fois, et au tems qui nous a manqué, et aux forces que nous n'avons plus ? Combien nous regrettons de n'avoir pu qu'ébaucher un si vaste sujet, le plus digne d'être offert à la méditation du sage et au génie de l'orateur ! Mais l'indulgence de ces grands princes qui président à ce concours illustre, et les dispositions de vos cœurs me rassurent. Dans ce funèbre jour des expiations et du repentir ; dans cette solennité de la douleur, c'est à l'éloquence à se taire et au sentiment à parler. Ce sont des larmes bien plus encore que des fleurs qu'il faut verser sur le tombeau de notre roi ; et celui qui le pleurera davantage, l'aura le mieux loué.

« Ainsi, dans l'impuissance où nous sommes de vous développer l'admirable tableau de sa vie, nous fixerons particulièrement nos regards sur le tableau plus admirable encore de sa mort. Nous montrerons qu'elle fut à-la-fois la plus injuste et la plus héroïque ; d'où nous pourrons conclure que le meilleur des rois en a été le plus à plaindre, et que le plus vertueux des hommes en a été le plus malheureux. »

L'orateur, après avoir fait un très-beau portrait de toutes les vertus de son héros, s'écrie : « Et voilà l'homme, voilà le roi que son siècle a méconnu, et auquel, dans un autre siècle, on eût élevé des statues ! Comment cette nation si aimable et si sensible, jadis si attachée au sang de ses monarques, a-t-elle pu tout-à-coup abjurer ses anciens sentimens, pour ne plus voir dans son roi que son ennemi, et dans son père que son tyran ? Comment un si bon prince a-t-il soulevé contre lui plus de haines et plus de passions, et s'est-il vu exposé à plus d'injustices et d'outrages que les rois les plus odieux ? Ah ! c'était bien moins encore de se voir enlever chaque jour un lambeau de sa pourpre royale, de se voir chaque jour abreuvé d'amertume et d'humiliations, qui affligeait cette grande âme ; c'é-

tait de voir ses intentions calomniées, ses bienfaits méconnus; c'était de voir qu'on lui enlevait
le cœur de son peuple, qui occupait tout son
cœur et toute sa pensée; voilà ce qui faisait le
mortel poison de sa vie, et la grande affliction
qui absorbait toutes les autres.

« Ah! il me semble le voir ici ce royal cœur se
ranimer et palpiter encore au nom de ce peuple
qui lui fut si cher. Il me semble voir sa poussière se réveiller sous ce drap mortuaire, et
vous adresser du fond de son tombeau ces tendres et touchans reproches : *O mon peuple!*
que vous ai-je fait, et en quoi vous ai-je été
contraire? Répondez-moi. *Responde mihi.* O
vous qui fûtes constamment l'objet de mes travaux, vous dont on me disait que j'étais aimé
quand on voulait me consoler dans mes peines!
répondez-moi, que vous ai-je fait? *Quid feci*
tibi? Quelle demande m'avez-vous faite, et que
je ne vous aie pas accordée? Quel vœu avez-
vous formé pour votre bonheur, et auquel je
n'aie pas souscrit? Quelle misère m'avez-vous
fait connaître, et que je n'aie pas voulu sou-
lager? Quel abus, et que je n'aie pas voulu
réformer? Quel sacrifice, et que je ne me
sois pas imposé? Quel roi en a donc fait
autant que moi? Et dans vingt ans n'ai-je pas
répandu sur vous tous les bienfaits de plusieurs
siècles? *Responde mihi.* Mais que répondrons-

nous, Messieurs, tandis qu'ici tout nous accuse, en même tems que tout le justifie? Que répondre, tandis que l'évidence même dépose contre nous, que le règne des illusions s'est enfin dissipé, que le jour de la vérité nous éclaire tous maintenant, et que son innocence, montée jusqu'au ciel, retentit par toute la terre? Ah! c'est la douleur, ce sont les larmes, c'est le silence de la consternation qu'il nous faut pour toute réponse. C'est un saisissement et de honte et d'effroi en voyant que le prix de tant de bienfaits, que la récompense de tant de vertus, et que la réponse à tant de sacrifices a été.... un échafaud ! »

« Et s'il était permis à des sujets d'interroger aussi leur maître ; et quel maître ! si nous ne craignions pas d'imiter ici ces juges ou ces conspirateurs qui osèrent lui demander raison des actes de son autorité, et nous aussi nous l'interrogerions à notre tour, et lui dirions : répondez-nous, *responde mihi.* Pourquoi avez-vous cru que les hommes que vous gouverniez étaient tous aussi bons et aussi généreux que vous? Pourquoi avez-vous tant compté sur leur justice et sur leur reconnaissance? Pourquoi, économe sévère des trésors de l'état, avez-vous été si prodigue de vos augustes prérogatives : oubliant ainsi ce que vous deviez reconnaître à vos derniers momens, qu'*un prince sans autorité ne peut jamais faire le bien* ? Pourquoi vous êtes-vous toujours défié de vous-même, quand vous deviez plutôt vous défier des autres, tandis qu'il ne fallait vous défier que de vos vertus, et de l'excès de votre tendresse ? Et pourquoi, prince religieux, toujours jaloux de faire respecter la foi de vos ancêtres, et ami de ces vérités saintes dont vous faisiez une si haute profession, laissiez-vous approcher si près de vous cette secte ennemie du trône et plus encore de l'autel, cette secte audacieuse qui se disait une puissance, et qui en effet en était une : la puissance de la destruction, la puissance de la désolation, la puissance de la mort pour creuser le tombeau des nations, et aiguiser le fer des parricides.......?

« Enfin, l'heure de la puissance des ténèbres est arrivée ; la synagogue des impies s'ébranle ; une populace plus effrénée, plus fanatique encore que celle des Juifs, pousse des cris de rage, et proclame Louis digne de mort : déja les Scribes et les Pharisiens d'une assemblée usurpatrice ont ourdi contre lui leur infâme complot. Déja il est dressé ce tribunal de sang où siègent à-la-fois les juges, les accusateurs et les bourreaux, et qui, foulant aux pieds toutes les lois de la pudeur et de la justice, prennent ici leur rebellion pour leur autorité, leurs calomnies pour des preuves, et leurs factions pour des jugemens. Déja les prêtres de Baal, réunis à ceux de Moloch, ont déchiré leurs vêtemens, et s'apprêtent à dévorer leur proie et leur victime. Déja la cohorte impie s'est avancée pour se saisir de sa personne auguste, et en allant au-devant d'elle, il lui demande, comme autrefois Jésus à ses satellites : qui cherchez-vous ? *quem quæritis ?* Et toujours roi, alors même qu'il ne peut plus l'être, il lui ordonne de marcher avec lui : *Partons*. Déja la fatale sentence est prononcée : et ici ce n'est plus celui qui l'entend qui tremble et qui frémit, c'est celui qui l'annonce. Déja le ministre ou l'ange de la religion est venu lui apporter ses consolations dernières ; et nourri du pain des élus, il semble en éprouver d'avance le bonheur et la gloire. Déja enfin le char funèbre, où se récitent les prières des mourans, a conduit la victime au lieu de son supplice, et le nouvel agneau de Dieu est parvenu sur son Calvaire. Anges des cieux, accourez tous en ce moment pour contempler le plus grand des spectacles que puisse vous donner la terre ; accourez tous, non pour le soutenir dans son agonie et dans sa défaillance : il n'en a pas besoin, puisque Dieu le soutient ; non pour éloigner loin de lui le calice amer qu'il va boire avec tant de courage et de résignation ; mais pour admirer un héros qui, du comble de son infortune, va tirer le comble de sa grandeur et dé sa gloire. Venez voir cet héritier de soixante rois, condamné à

la mort par ses propres sujets, auxquels il a sa-
crifié sa propre vie; qui, bien loin de succom-
ber sous cet immense poids d'injustice et d'ingratitude, conserve encore je ne sais quelle divine impassibilité, je ne sais quelle résignation
surnaturelle, qui déja l'associe à la béatitude céleste; et qui, sans impatience comme sans mur-
mure, plus calme et plus serein que ses bourreaux ne sont barbares et furieux, ne s'occupe
que de leur pardon, à l'exemple du Sauveur du
monde. Les insensés! ils voulaient l'avilir, et
ils n'ont fait que le relever davantage; en lui
déchirant son diadème, ils n'ont fait que rendre
son front plus auguste et plus vénérable, et en
liant ses mains sacrées, ils ont montré combien
elles étaient dignes de porter le sceptre. O miracle de la foi ! Saint Louis fut roi dans les fers;
et son fils est roi sur son échafaud. Saint Louis
fit trembler les Barbares à son aspect, et son fils
fait redouter à ses ennemis même jusqu'à l'ascen-
dant de ses paroles; et leur iniquité se trahissant, se
confondant et se mentant plus que jamais à elle-
même, apprendra à tout l'univers que la vérité et
la vertu sont invincibles à tous les hommes. . . . .

« Saluons-le donc aujourd'hui Roi-martyr, puisqu'aussi bien les impies l'ont mis à mort, moins encore peut-être par haine pour la royauté que par
haine pour sa religion et pour l'Église sainte,
dont il était le digne fils aîné, ainsi que pour

sa constante résistance à souiller sa main , en scellant la proscription de ses ministres. Saluons le Roi-martyr , puisqu'aussi bien c'est de ce nom que l'appelle un grand et saint pontife............ « *O jour de triomphe pour Louis, s'écrie-t-il, à qui Dieu a donné et la patience dans les grandes infortunes , et la victoire sur l'échafaud ! nous avons la ferme confiance qu'il a heureusement changé une couronne fragile et des lys qui se seraient bientôt flétris , en un diadéme impérissable que les anges eux-mêmes ont tissu de lys immortels.* » Ainsi s'exprimait l'immortel Pie VI , lequel alors ne prévoyait pas encore qu'il serait martyr lui-même , et qu'un destin à-peu-près semblable associerait son nom à la goire de ce monarque , objet de sa vénération ; belles et touchantes paroles , favorable présage de l'harmonie et de l'heureux accord qui va régner entre le successeur de l'un et le successeur de l'autre ; entre un Pie nouveau , honneur de la tiare , et un nouveau Louis , honneur de la couronne , qui doivent resserrer plus que jamais les liens antiques et sacrés qui unissent l'Eglise de France et l'Eglise de Rome ; préparer par la restauration de l'Episcopat la restauration de l'Empire, et soutenir ainsi l'un par l'autre le trône de Saint-Pierre et le trône de Saint-Louis.

Mais s'il est permis de croire que le Monarque

que nous pleurons n'a plus besoin de nos prières, il ne l'est pas moins de penser qu'il nous accorde les siennes, et qu'il préside déja, du haut des cieux, au destin de la France. Il n'est pas moins doux de penser qu'il va être accompli ce vœu sublime de son amour, cette dernière expression de son cœur : *Je desire que mon sang fasse le bonheur de la France.* Paroles admirables ! Est-ce un homme, est-ce un ange qui les a prononcées ? Ah ! que ne peuvent-elles percer les voûtes de ce temple, voler aux extrémités de l'univers, afin que l'univers répète jusqu'aux âges les plus reculés : *Je desire que mon sang fasse le bonheur de la France.* Oui, Prince màgnanime autant qu'infortuné, votre mort le fera ce bonheur de la France, comme la mort de Jésus-Christ a procuré le salut du genre humain. Le sang du juste est monté jusqu'au ciel, non pour crier vengeance, comme celui d'Abel, mais pour crier grâce et miséricorde. Il nous couvrira comme d'un bouclier, il nous protégera, il s'interposera entre le ciel et nous. Il nous réconciliera avec Dieu, avec nos frères, avec nous-mêmes. Il éteindra toutes les haines et toutes les discordes. Il fertilisera cette terre de tant de crimes et de tant d'égaremens, pour y faire germer les vertus de nos aïeux. Il ranimera cet esprit religieux qui fit toute leur gloire. Il ressuscitera l'honneur autique. Il renouvellera le sang français, en renouvelant le sang chrétien. Il scellera enfin la nouvelle alliance qui vient d'unir le Roi et ses sujets ; et les lys qu'il arrosera relevant leur tige superbe, et plus belle et plus vigoureuse, brilleront d'un éclat immortel. »

Solennités expiatoires célébrées dans tous les départemens de France.

Nous avons reçu de tous les départemens des lettres renfermant les détails des cérémonies expiatoires qui, le même jour, ont eu lieu dans toute la France en l'honneur du Roi Louis XVI, de la Reine Marie-Antoinette , archiduchesse d'Autriche , et des autres victimes de la famille royale. Ces détails présentent un caractère d'uniformité qui ne nous a pas permis de les mettre successivement sous les yeux du lecteur. Nous aurions répété , au nom de chaque ville , ce que nous avons à dire de la France entière.

Ces cérémonies ont partout présenté le même caractère , et par-tout excité les mêmes impressions : simples dans leur ordonnance , semblables dans leur exécution , elles ont dû sur-tout l'effet imposant qu'elles ont produit , et le grand résultat moral qu'elles ont atteint , à ce spectacle touchant et consolateur de la population entière ; magistrats, guerriers, citoyens, femmes, enfans, vieillards , spontanément réunis aux pieds des autels, pour y marquer par une douleur profonde et les regrets les plus amers , un jour qui serait effacé de notre histoire , s'il était permis aux bons Français de le racheter au prix de leur sang.

A la vue des signes révérés d'une puissance royale qui ne s'était signalée que par des bienfaits et des emblêmes funèbres qui les enveloppaient d'un deuil éternel , à la voix des orateurs chrétiens qui , presque tous ont pris pour texte les dernières paroles du Roi-martyr , et ont dignement accompli son éloge , en ne parlant en son nom que de pardon et de clémence ; à l'aspect des vieux chevaliers , défenseurs fidèles de la monarchie, et des jeunes guerriers appuis non moins fidèles du trône que la Providence a relevé , l'émotion a été également profonde dans tous les rangs et dans toutes les classes , avec cette nuance de sentiment que la diversité des âges devait faire naître. Le vieillard privé d'avenir s'est plus vivement livré à ses souvenirs , et à sa douleur; l'homme mûr a trouvé dans un si grand spectacle la plus grave des leçons politiques , et le sujet des plus hautes méditations ; la jeunesse a confondu ses regrets , et ses espérances : ses regrets , d'une perte dont elle n'a pu apprécier l'étendue , dont elle n'a pas même vu les conséquences déplorables ; ses espérances , du bonheur que lui assure un Gouvernement ferme à-la-fois et paternel, un Roi héritier, également auguste, des vertus et du trône du monarque, objet éternel de la vénération des hommes.

Nos grandes cités, nos villes peu populeuses, ne sont pas les seules qui aient acquitté le tribut de la douleur universelle. Le cyprès s'est étendu jusque sur nos campagnes. Du sein des hameaux, un accent expiatoire s'est élevé vers le Ciel : l'humble pasteur a parlé aux cultivateurs de l'amour que Louis leur portait, de ses vœux, de ses soins pour leur soulagement ; et ce n'est pas ce pur et simple hommage qui aura été moins favorablement reçu dans l'immortelle demeure où notre infortuné monarque reçoit le prix de son sacrifice et la récompense de ses vertus.

————

Le service expiatoire du 21 janvier, en mémoire du feu Roi Louis XVI, a été célébré avec toute la pompe et l'appareil convenables, dans les chefs-lieux des divisions militaires, dans ceux des départemens et dans les différentes places de guerre.

La réunion des autorités militaires aux autorités civiles, la présence des troupes sous les armes et en grande tenue, un silence religieux dans tous les rangs et un profond recueillement,

7

ont imprimé à cette touchante cérémonie, un caractère de solennité digne du souvenir auquel elle était consacrée.

Dans la 2ᵉ. division militaire, on a remarqué particulièrement la pompe du service funèbre célébré à Mézières, Verdun, Châlons et Reims.

Le même appareil a été déployé tant à Metz que dans les autres places de la 3ᵉ. division militaire.

A Nancy, un service funèbre a été célébré dans toutes les paroisses de la ville; les membres des autorités civiles, militaires, administratives réunis, se sont rendus en cortège à la cathédrale; tous les corps de la garnison y ont assisté en grande tenue, au milieu de l'affluence du peuple qui remplissait l'église.

La même service a été célébré le même jour, dans toutes les villes de la 5ᵉ. division militaire, et dans toute son étendue, avec le même recueillement et le même appareil; il a sur-tout été célébré à Strasbourg, chef-lieu de cette division militaire, avec une dignité particulière, par la réunion des autorités supérieures et des corps d'officiers de la garnison.

La ville de Besançon et toutes les communes de la 6ᵉ. division militaire, ont manifesté, par les mêmes cérémonies, le deuil universel qu'inspire le souvenir de l'époque du 21 janvier; dans chaque place de cette division, la garnison a pris les armes et a défilé avec respect autour du catafalque.

Les garnisons de Grenoble et des autres villes de la 7e. division militaire, ont concouru avec le même esprit de recueillement aux services funèbres célébrés dans cette division.

Les autorités, les habitans et les troupes de la 8e. division militaire, ont fait éclater les mêmes sentimens; la ville de Marseille s'est fait particulièrement remarquer par la pompe des cérémonies.

Montpellier, Nismes et les autres places de la 9e. division militaire, ont donné les mêmes témoignages.

A Toulouse, les autorités militaires de la 10e. division et du département de la Haute-Garonne, ainsi que les troupes de la garnison, ont concouru, avec les autorités civiles et la garde urbaine, à donner le plus grand éclat à la cérémonie; les drapeaux de la garde urbaine et ceux des corps de la garnison, ornés de crêpes funèbres, étaient placés au coin du sarcophage, et tous les militaires, de toutes armes et de tout grade, portaient au bras ce signe de deuil. Les autres places de la 10e. division militaire célébraient en même tems le même service avec toute la pompe que permettaient les localités, et par-tout avec le même recueillement.

Dans la 11e. division militaire, toutes les

troupes de la garnison de Bordeaux ont pris les armes le 21 janvier, et ont été mises en bataille à onze heures dans la cathédrale; depuis le lever du soleil jusqu'à la fin de la cérémonie. Des coups de canon ont été tirés de demi-heure en demi-heure. Les autorités militaires de terre et de mer, les autorités civiles et judiciaires, et MM. les consuls des nations étrangères, qui s'étaient réunis à l'hôtel du gouverneur, se mirent en marche à onze heures un quart, pour se transporter au Palais-Royal, où le clergé s'était rendu processionnellement. De-là, précédé par des détachemens de carabiniers et par la gendarmerie, et marchant entre deux haies de troupes de ligne et de garde nationale, le cortège se rendit à la cathédrale ; le service funèbre y fut célébré et fut suivi de plusieurs salves de mousqueterie.

Les garnisons de Nantes, la Rochelle, Niort, Fontenay, Saintes et autres de la 12e. division militaire, ont pareillement participé à l'éclat des cérémonies qui y ont été célébrées.

Les autorités militaires de la 13e. division, réunies aux autorités civiles, se sont rendues en grand cortège à la cathédrale de Rennes où le service funèbre a été célébré avec le plus touchant appareil, tandis qu'au même moment il se répétait, sinon avec la même pompe, du moins avec la même sincérité de sentimens, dans toutes les autres places de garnison de la Bretagne.

Les mêmes cérémonies ont été célébrées à Caen et dans la 14e. division militaire; à Rouen, ainsi que dans la 15e. division.

Dans toutes les places de la 16e. division militaire, particulièrement à Lille, Arras, Condé, Saint-Omer, Béthune, etc., le service funèbre a été accompagné de tout l'éclat que pouvait y ajouter l'appareil militaire.

A Dijon et dans la 18e. division militaire; à Lyon et dans les principales villes de la 19e. division; à Périgueux et dans la 20e. division; à Bourges et dans la 21e. division; enfin à Tours, ainsi que dans les principales garnisons de la 22e. division militaire, les troupes et les autorités militaires ont contribué par leur concours et l'expression de leurs regrets, aux cérémonies imposantes que la douleur publique y a célébrées.

Partout le plus grand ordre a régné, partout les autorités militaires et civiles ont rivalisé de zèle pour donner, dans cette circonstance, des gages de leur vénération pour la mémoire du meilleur des Rois, et de leur dévouement à la personne de son auguste successeur.

*Honneurs rendus dans les pays étrangers à
la mémoire des victimes royales.*

VIENNE.

Il a été célébré, le 21 janvier, dans l'église
cathédrale de Saint-Etienne, à Vienne, un service solennel pour Louis XVI. Le pieux archevêque de cette ville, le prince de Hohenwarth,
a voulu officier, malgré son âge de 84 ans.

La tribune impériale avait été préparée pour
les souverains.

Une partie du chœur et de la nef avait été ré-
servée pour les personnes invitées.

Les billets d'invitation étaient ainsi conçus :
« Les ambassadeurs de S. M. très-chrétienne au
« congrès vous prient d'assister au service qui
« sera célébré, le 21 janvier prochain, dans
« l'église cathédrale de Saint-Etienne, à onze
« heures du matin. »

Le chœur de l'église était tendu de noir comme
aux obsèques des Empereurs, avec cette magnificence qui accompagne les funérailles des grands
Rois. Partout brillait l'écusson de France.

Au milieu de la nef s'élevait un catafalque de
52 pieds de hauteur, éclairé d'un grand nombre
de flambeaux, et surmonté des attributs de la

royauté. La garde noble de l'Empereur faisait le service tout autour.

Aux quatre angles de ce monument étaient placées les statues de la Religion, de l'Espérance, de la France, et de l'Europe.

La Religion tenait le code de la plus héroïque charité, le Testament de Louis XVI, comme s'honorant de l'avoir inspiré.

L'Espérance, s'appuyant sur une ancre, portait ses regards dans l'éternité ; et l'Europe semblait dire à la France cachant sa désolation sous un large voile : « Et moi, votre antique « amie, je connus aussi les généreux sentimens « du pacifique Louis XVI ; ma douleur s'unit « à la vôtre. »

Le catafalque et la décoration de l'église avaient été exécutés sous la direction et d'après les dessins d'un architecte et d'un peintre français MM. Moreau et Isabey.

L'empereur d'Autriche avait prévenu les ambassadeurs de France que, pour donner un témoignage de ses sentimens et de la part qu'il prenait à cette touchante cérémonie, il enverrait un détachement de ses trois régimens des gardes pour entourer le catafalque.

S. M. I. a voulu assister à cette cérémonie en habits de deuil avec toute sa famille et toute sa cour.

S. A. R. le prince Léopold, suivi du comte de

la Tour-du-Pin, ministre de France à la cour de Vienne, et l'un des ambassadeurs de France au congrès, a reçu dans la tribune impériale S. M. l'empereur de Russie, le roi de Prusse, le roi de Danemarck, le roi de Bavière et les autres princes et souverains présens à Vienne, qui y ont assisté avec toutes les personnes de leur suite.

Ils sont arrivés à onze heures précises.

Après l'évangile, le curé de Sainte-Anne de Vienne, M. Zaingelins, Français d'origine, a prononcé le discours funèbre suivant :

« Il existait au milieu de l'Europe une monarchie de quatorze siècles. Son Gouvernement était sage, les sciences et les arts florissaient sous son empire, ses armées étaient nombreuses et exercées, trois rangs de forteresses gardaient ses frontières : elle avait partout des alliés et des amis; et cependant le sceptre de ses Rois a été brisé, cet édifice de tant de siècles a été renversé.

« La France, depuis soixante années, était comme le centre de l'incrédulité. Les impies, dans leur conseil, avaient juré de détruire la religion de J.-C. Ils s'étaient efforcés de propager le mal jusqu'aux extrémités de l'Europe, et de livrer le Monde à leurs dogmes trompeurs.

« Mais à peine avaient-ils essayé de renverser

les autels, que les trônes furent ébranlés, pour nous apprendre que les empires ne se soutiennent que par la religion. Dès qu'elle ne sert plus de frein, les hommes s'abandonnent à toute la fougue de leurs passions; une horrible séduction s'empare des esprits; les nations sont gouvernées par ces audacieux, dont parle Saint-Pierre, qui séduisent les peuples en leur promettant la liberté, tandis qu'ils sont esclaves de la corruption : « *Libertatem illis promittentes, cùm ipsi servi sint corruptionis.* » Alors ces guerres, ces dévastations prédites par le même apôtre. L'innocent est entraîné devant des juges et condamné.... Il s'élève un Empire d'iniquité dont toute vertu est bannie ; et le mal parvient à son comble....

« La destruction de la tribu de Benjamin peut seule mettre un terme à ses crimes. Les dix tribus sont menées, sans retour, captives à Ninive, pour effacer l'usurpation de Jéroboam, et le sang des Machabées coule pour le salut d'Israël.

« La prière des saints arrête enfin le bras du Seigneur. Il ne veut pas que son peuple périsse ; mais, après l'avoir éprouvé par des maux de tout genre, il le rappelle à lui pour le délivrer.

« Mes frères, après vingt années d'irréligion et de dévastation, les impies sont détrônés, les puissances ébranlées sont affermies, et les fils de Saint-Louis ont retrouvé l'héritage de leurs pères.

« Quelle est donc la victime dont les prières ont été exaucées, dont le sang innocent a calmé la colère du Très-Haut? Quels yeux paternels ont veillé sur la France aux tems de ses malheurs !

« Reconnaissez, mes frères, ce juste dont les vœux ont été favorables, dont le sacrifice a été agréable à Dieu.

« Louis est mort comme un juste, comme une victime de son amour pour ses sujets, et comme un martyr qui a réconcilié le Ciel avec la Terre.

« La mort du juste, nous dit un père de l'Eglise, portera ce caractère : « On la recon« naîtra à cette marque distinctive, que celui qui « l'aura vue, que celui qui en aura entendu « parler, souhaitera de mourir comme lui. *O si* « *et ego sic mori possem !* »

« La mort de Louis est la mort du juste ; son « âme est en paix ; il pardonne et ne songe qu'au « malheur de ceux qui lui ont montré de l'ingra« titude. » Le sujet fidèle comme le sujet révolté sont frappés de la sainteté de son sacrifice : ils vénèrent, dans ses vertus royales et dans sa mort, ce caractère que Dieu imprime à ceux qu'il appelle à l'accomplissement de ses desseins éternels. Rien ne peut arrêter cet hommage que tous s'empressent de rendre à sa mémoire. Il est sur les lèvres du juge qui a condamné, comme dans les bénédictions du serviteur qui gémit ; et, même au tems où l'on s'efforçait d'éteindre ces religieux souvenirs, on a vu gravé au bas des traits augustes de Louis, ce titre mémorable : *Image d'un bienheureux.*

« Louis a été victime de son amour pour son peuple, à l'exemple de son divin maître qui s'est offert lui-même en sacrifice pour les hommes, quelqu'indignes qu'ils en fussent.

« Pendant toute la durée de son règne, fut-il animé d'un autre desir que celui de tout sacrifier au bien de son royaume ? Se refusa-t-il au vœu de son peuple, au sentiment de son siècle ? S'opposa-t-il à ceux qui parlaient d'édifier, d'améliorer, de réformer ?

« Des réclamations s'élèvent ; il appelle les états généraux ; il s'abandonne à tout ce qu'il croit bien ; il oublie les intérêts de sa puissance ; son cœur est ouvert à tous les conseils.

« Louis devait donner au Monde un exemple plus grand que celui d'un Roi qui est maître des évènemens, d'un guerrier qui déploie ses forces, d'un politique qui prévient le danger. Il devait montrer à l'Europe un Roi chrétien et martyr ; sanctifier la puissance royale par son sacrifice ; consacrer, par son supplice et par la sainteté de sa mort, les principes d'autorité et de légimité ; et donner au sang des Bourbons un lustre nouveau. Ainsi, pour servir les desseins adorables de la Providence, Louis devait renoncer à cette puissance qui défend les trônes, et arrêter lui-même ses légions prêtes à marcher à sa parole. Dieu voulait punir les nations et apprendre aux peuples à redouter la sévérité de ses jugemens. « *Discant universi populi terrarum nomen tuum timere.* »

« Louis, prêt à mourir victime de son amour pour son peuple, n'a cessé de s'occuper de son bonheur. Ecoutons ses propres paroles :

« Je pardonne de toute mon âme à ceux qui
« se sont faits mes ennemis, sans que je leur
« en aie donné aucun sujet ; je prie Dieu de
« leur pardonner.

« Je recommande sur-tout à ma femme de faire
« de mes enfans de bons chrétiens et d'honnêtes
« hommes ; de ne leur faire regarder les gran-
« deurs de ce monde-ci (s'ils sont condamnés
« à les éprouver) que comme des biens dange-
« reux et périssables, et de tourner leurs re-
« gards vers la seule gloire solide et durable de
« l'éternité.

« Je recommande à mon fils de songer qu'il se
« doit tout entier au bonheur de ses concitoyens ;
« qu'il doit oublier toute haine et tout ressen-

« timent, et nommément tout ce qui a rapport
« aux malheurs et aux chagrins que j'éprouve.

« Qu'il ne peut faire le bonheur des peuples
« qu'en régnant suivant les lois ; mais, en même
« tems qu'un Roi ne peut les faire respecter, et
« faire le bien qui est dans son cœur, qu'autant
« qu'il a l'autorité nécessaire. »

« Tel est, Messieurs, le testament de Louis,
écrit au milieu de ses fers. Telle est la politique
de Louis XVIII en ces jours où l'Europe, fatiguée
du triomphe des impies, a appris à connaître la
véritable gloire et la solide grandeur. Et tandis
que la France s'écrie : « Béni soit le fils de saint
« Louis qui nous vient au nom du Seigneur ! »
les souverains et les peuples, frappés de la sagesse qui préside aux conseils de Louis XVIII,
trouvent dans sa fidélité à sa parole, dans sa
justice et dans sa piété, un gage de la paix qui
doit assurer le bonheur de l'Europe.

« Comparez cependant, Messieurs, les sentimens des hommes avec la misécorde du Seigneur : l'amour de Louis pour ses sujets a causé
sa mort, sa piété envers son Dieu lui a ouvert
les portes du ciel, où il devient pour la France,
un protecteur, un ange tutélaire.

« Dès qu'un Etat est livré aux passions des
hommes, il marche vers sa ruine. La main seule
de la Providence peut assurer la gloire et la durée
des empires : on ne peut juger de leur force et de

leur stabilité que par la fidélité des souverains et des peuples au maximes de la religion.

« Elle seule a délivré les peuples de l'esclavage ; a établi entr'eux des rapports d'amitié, de confiance et de respect ; a dicté des lois aussi sages que sa morale est pure ; a commandé aux sujets d'obéir, et aux souverains de protéger leurs sujets ; a proscrit les guerres injustes ; et, pour marque de sa puissance, elle a placé le signe auguste de la croix sur la tête des souverains.

« Pendant quatorze siècles elle a veillé à la garde du royaume de France ; elle l'a préservé de l'invasion et de l'erreur ; elle a fait toute sa splendeur et sa gloire.

« Novateurs orgueilleux, durant vingt années, Dieu vous a abandonné cet empire. Qu'en avez vous fait ? Vous avez détruit ses institutions anciennes ; vous en avez banni tout respect pour Dieu et pour ses temples ; vous avez immolé son Roi et menacé tous les Rois de la terre ; vous avez vingt fois construit et détruit votre ouvrage ; vous avez couvert la France et l'Europe entière de deuil ; vous avez mis la valeur du soldat aux plus rudes épreuves ; vous l'avez abandonné à toute la rigueur des saisons et des climats. C'est ainsi que vous avez perdu une de ces armées que la France pleure encore.

Mais la Providence avait assigné un terme au règne de vos passions.

« Tout va changer de face en Europe. Le sacrifice et les prières du Roi-martyr ont enfin touché le Seigneur. L'espoir renaît de toute part ; il renaît jusque dans l'asile de la Maison de France. L'Europe se lève comme un seul homme, *quasi vir unus :* un sentiment surnaturel semble unir tous les peuples. Quelle protection sauvera la France ?

« Louis veille sur ses destinées. Son sacrifice et ses vœux ont satisfait à la justice divine, et la Providence va dicter cette mémorable déclaration :

« Les Alliés respectent la France... L'Europe « en armes lui demande la paix. »

« Ainsi s'expriment les fils des Empereurs et des Rois à la tête de leurs armées. Ils respectent l'indépendance des nations ; ils ne veulent conquérir que les bénédictions des peuples, et ne sont animés que du noble dessein de rendre libre le vœu de la France.

« A peine ce vœu est-il manifesté, que le bruit de la guerre a cessé. Les Français cherchent par-tout l'image de Louis, ses traits, sa bonté, sa ressemblance. Son frère se présente ; l'erreur et la fidélité, le regret et l'innocence, tous crient : vive le Roi ! *vivat Rex !*

« Enfin, devaient s'accomplir les miséricordes

du Seigneur. Le fils de Saint Louis, suivi de la fille des Rois, quitte sa paisible retraite : les hommages d'une nation généreuse, fière de l'hospitalité qu'elle a donnée, devancent les hommages de ses sujets : Louis XVIII rentre dans son royaume, au milieu de son peuple, dans la maison de ses pères : toute haine, tout ressentiment a cessé; les armées se retirent; l'Europe est en paix.

« Tel est, mes frères, le fruit des prières et du martyre de Louis, de Marie-Antoinette d'Autriche, d'Elisabeth de France : illustres et saintes victimes, dont cet anniversaire rappelle le douloureux souvenir.

« Mais quels touchans témoignages frappent aujourd'hui nos regards! Ce temple antique est revêtu de deuil : des accens de douleur remplissent ces voûtes sacrées ; le pontife vénérable de cette métropole offre le saint sacrifice; les maîtres du Monde, les enfans des Césars, les envoyés de toute l'Europe, les dames chrétiennes, un peuple immense, assistent à cette auguste cérémonie. Cet hommage universel nous fait douter si nous devons prier encore pour Louis, ou l'invoquer, en remerciant Dieu de la gloire dont il récompense ses vertus.

« Fils de Saint Louis monté au Ciel, fils de Saint-Louis mort pour vos sujets, mort pour la religion, vos prières ont réconcilié l'Europe ;

achevez votre ouvrage. Apprenez aux peuples à craindre le Seigneur ; aux maîtres de la terre à gouverner par ses saintes lois : éloignez de nous les maux et le scandale de la guerre ; et que le grand œuvre de la régénération et de la pacification de l'Europe s'achève, afin que les peuples bénissent à jamais le Dieu des miséricordes. »

Deux cent cinquante musiciens (sans orchestre) secondaient par leurs voix les émotions de l'âme.... ; et des larmes réparatrices ont coulé...

A cette cérémonie, aussi majestueuse que touchante, assistaient François Ier., non moins rapproché de Louis XVI par ses qualités morales que par le sang ; Alexandre Ier. et Frédéric-Guillaume, dont les parens reçurent de Louis XVI un si tendre accueil ; le Roi de Bavière, Maximilien Joseph, qui, dans sa jeunesse, consacra son épée à Louis XVI ; et le Roi de Danemarck, dont la longue suite d'aïeux ne compte pas moins d'amis de l'auguste Maison de Bourbon. Là se trouvèrent aussi en grand deuil l'Impératrice de Russie, la Reine de Bavière, l'archiduc Charles et ses frères, le prince Charles de Scwartzenberg, et une multitude de princes et de généraux de toutes les nations, le Congrès, un public immense, et la légation française faisant les honneurs de la cérémonie.

C'est ainsi que la république européenne, représentée par ce qu'elle a de plus illustre, a consacré, sur le sarcophage de Louis XVI, le respect dû à la puissance légitime, et l'immortalité de la vertu méconnue.

Enfin, par un sentiment de vénération et de confiance, on semblait moins implorer la clémence du ciel pour l'auguste martyr, que la puissante protection du martyr lui-même, qui, à l'imitation, pour ainsi dire, de l'Homme-Dieu, avait mieux aimé donner sa vie pour son peuple, que de souffrir que ses sujets fidèles donnassent leur sang pour lui.

Sur la solennité funèbre de Vienne ;
par M. DE GENTZ (1).

LE service célébré à Vienne, le 21 janvier, pour le repos de l'âme de Louis XVI, dans l'église métropolitaine de Saint - Etienne, en présence de l'Empereur, de tous les souverains étrangers, de tous les membres du congrès, des personnes les plus distinguées de la cour, et d'un grand nombre d'étrangers de marque, était une solennité touchante et sublime. Un des plus vertueux monarques de son siècle et de tous les siècles, écrasé par ses propres bienfaits, privé de son trône et de sa liberté par

---

(1) Célèbre publiciste d'Allemagne.

ceux qu'il avait voulu rendre heureux, livré à une suite de souffrances dont l'histoire des infortunes humaines n'a guère d'exemple à fournir, allant à la mort avec le sentiment d'une innocence sans tache, la pureté de cœur d'un ange, une dignité plus que royale et l'héroïme d'un martyr ; portant sa dernière pensée terrestre sur les malheurs de sa Maison et de son peuple, et dirigeant toutes les autres vers le ciel ; ce tableau ne s'effacera pas, tant qu'un rayon de notre lugubre histoire traversera la nuit des tems. Que le reflet de ce tableau nous ait été présenté ici, dans cette capitale, dans les circonstances d'aujourd'hui, après les évènemens que nous avons vus, devant une assemblée comme celle qui assista à cette cérémonie, et présenté dans des traits, tout-à-la-fois imposans et doux, tragiques et consolans ; voilà un des contrastes extraordinaires, amenés de tems en tems par cette Providence qui, quoiqu'éternellement la même, paraît, dans de certaines époques, diriger les affaires humaines d'une main plus directe et plus visible. Par quelles adversités, par quels efforts, par quels sacrifices avons-nous dû passer pour pouvoir enfin, après 25 années de souffrance, nous rassembler devant Dieu, en liberté et en paix, et célébrer l'anniversaire de la mort de Louis XVI comme un jour d'expiation générale !

Mais indépendamment des sentimens que ce grand acte religieux a fait naître, il devait conduire aussi à des réflexions, que cet anniversaire mémorable n'aura pas moins inspirées, sans doute, aux hommes sages de tous les pays, qu'aux représentans de la chrétienté réunis à Vienne. Qui ne succomberait pas en comtemplant cette masse énorme d'horreurs et de calamités, de crimes toujours renaissans et de punitions sanglantes à leur suite, de dévastation universelle et de misère particulière, que ce jour infortuné, le plus funeste du 18e. siècle, a versés sur l'humanité ! Et cependant la moindre partie de ce déluge de maux était l'effet de ces causes individuelles auxquelles nous aimerions pouvoir les rapporter tous. Considérés d'un point de vue plus élevé, ils furent beaucoup moins l'ouvrage des hommes criminels qui présidèrent à tel ou tel forfait, beaucoup moins le fruit amer de l'égarement d'un seul peuple, que le résultat commun du délire d'une génération entière, entraînée par une présomption aveugle et par un coupable orgueil. Les rêves d'une philosophie qui se flattait de faire pâlir devant ses conceptions la sagesse de tous les siècles passés, de vaines prétentions à des lumières et à une perfection inaccessibles, l'éclat séduisant et trompeur par lequel des esprits brillans, mais sans règle ni sans mesure, joignant à l'oubli de Dieu une adoration insensée de leur propre mérite, éblouissaient le monde, avaient éteint la foi et l'obéissance dans presque toutes les âmes. La forte racine du système moral et politique une fois desséchée, il ne fallait qu'un coup de tempête, amené par quelque cause particulière, pour faire du monde civilisé une espèce de chaos. Ajoutons que par une fatalité unique, ou plutôt par le doigt de Dieu, qui permit au mal de monter au comble, pour que la guérison fût plus radicale, tous ceux qui, au bord du précipice, auraient dû administrer quelque remède, étaient frappés d'une impuissance absolue, ou d'un aveuglement mortel.

La révolution et tous ses orages sont finis ; nous sommes à l'entrée d'une nouvelle époque. Il ne dépend pas, comme la plupart de nous persistent à le croire, de telle ou telle mesure momentanée, de tel ou tel évènement local, que cette époque soit plus calme et plus heureuse. L'expérience nous a-t-elle rendus plus sages ? L'adversité nous a-t-elle rendus meilleurs ? Voilà les seules questions qui en décideront, et que l'avenir va résoudre. Si à l'école sévère des vingt-cinq années que nous avons traversées, les souverains et leurs ministres ont appris la justice et la modération ; les peuples une fidélité inébranlable dans la bonne et dans la mauvaise fortune, le respect pour l'ordre établi, quels que soient ses défauts, et une horreur invincible pour tout ce qui peut le troubler ; enfin ceux qui par leurs talens supérieurs sont appelés à instruire leurs contemporains, cette vérité, mère de toutes les autres, que sans la crainte de celui qui est la source éternelle de l'ordre et de la lumière, toute science n'est qu'un fantôme, toute institution civile et politique le jouet des caprices humains, la catastrophe la plus douloureuse de notre tems aura produit au moins quelques effets salutaires; et en jetant du haut des demeures de la paix éternelle un regard de bonté et de clémence sur les agitations et les vicissitudes de cette terre, Louis XVI jouira encore de la seule satisfaction à laquelle sa belle âme aspirait sans cesse, de celle d'avoir, par ses malheurs même et par sa fin tragique, contribué au bien de l'humanité.

Londres.

Le 21 de ce mois, jour anniversaire du martyre de Louis XVI, S. Exc. l'ambassadeur de France a fait célébrer un service funèbre dans la chapelle de King-Street, Portman-square. Outre la plupart des loyaux Français qui sont à Londres actuellement, plusieurs Anglais et étrangers de distinction ont assisté à cette touchante solennité.

St.-Pétersbourg.

M. le comte Juste de Noailles , ambassadeur de S. M. T. C. , près la cour de Russie, a fait célébrer le 9 (21 janvier), avec la plus grande pompe , dans l'église catholique de cette capitale , un service funèbre pour LL. MM. Louis XVI et Louis XVII , rois de France et de Navarre , pour S. M. Marie-Antoinette-Joseph - Jeanne de Lorraine , archiduchesse d'Autriche, reine de France et de Navarre , et pour S A. R. Madame Elisabeth-Philippe-Marie-Hélène de France, sœur de Louis XVI.

Au milieu de l'église, richement tendue en noir, s'élevait un magnifique catafalque, entouré d'une immense quantité de flambeaux, portant les armes de France et les emblêmes analogues à cette auguste et touchante cérémonie.

Les Français de toutes les classes qui se trouvent dans cette capitale , ont assisté à ce service. Les sentimens qu'ils y portaient semblaient être partagés par les ministres , les personnes distinguées, les corps diplomatiques qui y avaient été invités , et par les habitans du pays qui s'y étaient rendus en foule.

Hambourg.

Aujourd'hui , tous les Français habitans de

Hambourg, guidés par un égal sentiment de respect et d'amour pour leur anguste souverain Louis XVIII, se sont réunis chez M. le chevalier Monnay, commissaire-ordonnateur, et chargé des affaires du Roi, pour assister ensuite au service solennel qu'ils avaient fait préparer à l'église catholique du Petit-St.-Michel, en l'honneur du bien-aimé et infortuné Roi et martyr Louis XVI, de son auguste épouse, de Louis XVII, et de Madame Elisabeth.

L'impression profonde qu'ont éprouvée tous les Français réunis pour cette solennité, a été partagée par les autorités hambourgeoises, par tous les étrangers, et par un nombre immense d'habitans, qui ont assisté à cette touchante solennité.

Genève.

Les Français domiciliés à Genève, desirant prouver à l'illustre Maison de Bourbon leur zèle et leur attachement, quoiqu'ils habitent une ville étrangère, se sont réunis au sentiment qui anime leurs compatriotes, en célébrant aujourd'hui dans l'église consacré au culte catholique un service funèbre et solennel en mémoire de LL. MM. Louis XVI, roi de France et de Navarre, et de Marie-Antoinette, son auguste épouse. Ils ont orné cette touchante cérémonie de toute la pompe dont elle est susceptible. Après la messe, M. l'abbé

Vuarin a prononcé l'éloge de LL. MM. Le conseil-d'état de la République a envoyé dix des membres qui le composent, syndics et conseillers. Une députation de Français, ayant à leur tète des chevaliers de Saint Louis, a été les prendre à l'hôtel-de-ville pour les y conduire. Nombre de chevaliers des ordres du mérite militaire et de la légion d'honneur se sont réunis à eux. Plusieurs étrangers de la plus haute distinction, tels que S. A. S. le prince de Mecklembourg - Schwerin, M. de Gallatin, minitre plénipotentiaire des Etats-Unis de l'Amérique, le marquis d'Huntely, lieutenant-général au service de S. M. B., et le comte d'Ezzego, général au service de S. M. le roi de Sardaigne, s'y trouvaient. Les Genevois, mes compatriotes, ont vu avec un vif attendrissement cette solennité, pénétrés du tendre souvenir que des sujets fidèles témoignaient pour leur souverain : malgré la différence du culte, ils sont allés avec empressement porter aux cendres révérées de LL. MM. et à leur mémoire chérie, un tribut d'hommages mérités pour leurs vertus, et de reconnaissance pour la protection constante dont elles ont honoré notre patrie.

Après la cérémonie, on a fait distribuer des exemplaires du testament de Louis XVI. On ne pouvai pas mieux la terminer.

Du 31 janvier 1815.

MONSIEUR,

OBLIGÉ de m'arrêter dans un village de votre département pour un accident de voiture, les bonnes gens qui m'entouraient m'ont donné à lire, pour me désennuyer, votre _Prospectus_. J'avais à la main la lettre ci-jointe que je venais de lire, l'ayant reçue à l'instant extrême de mon départ. J'ai jugé qu'elle pourrait trouver place dans le journal du Jura; et je prends la liberté de vous en proposer l'insertion. Permettez-moi, Monsieur, de garder l'anonyme, tout en vous suppliant d'agréer, etc.

« J'ai besoin, mon ami, d'épancher mon
« cœur dans le vôtre; et vous aussi, j'en suis
« sûr, vous avez besoin d'entendre parler de
« moi.

« Oui, j'ai été à cette cérémonie solennelle
« et terrible, m'humilier devant Dieu, implo-
« rer le pardon de mon crime et de ma fu-
« neste erreur, invoquer ma victime, hélas!
« et répandre de nouvelles larmes sur l'attentat
« qui m'en a déja fait tant verser.

« Pour ne point blesser les yeux de mes
« concitoyens, je me suis transporté dans une

« ville où je suis inconnu , fameuse par sa
« loyauté ; je me suis rendu à l'église bien
« avant les troupes , les autorités et les fidèles.
« Là , je me suis enfoncé dans une chapelle ,
« pour me recueillir et m'abîmer dans ma dou-
« leur et mon repentir. Je me suis cru tout-
« à-coup chargé de parler à cette foule non
« encore présente ; et baigné de larmes , je me
« suis oublié moi-même ainsi que mon forfait ,
« mais ç'a été pour m'en retracer toutes les
« déplorables conséquences à travers la terre
« entière , et particulièrement la France. Les
« vertus de Louis XVI sont venues ensuite
« m'écraser de tout leur poids , et , revenant
« à moi, je n'ai pu me comprendre. En vain
« j'ai essayé de m'expliquer à moi-même le
« danger des assemblées trop nombreuses , où
« la fureur s'électrise par un discours , un
« geste , et sur-tout par l'horrible composition
« des tribunes que nous avions laissé se for-
« mer de ce qu'il y avait de plus corrompu en
« Europe. Je n'ai pu trouver d'excuses nulle
« part. Oui, me suis-je dit, il fallait s'opposer
« et périr ; et , me sentant prêt à mourir d'an-
« goisses , je me suis levé , j'ai parcouru l'é-
« glise , et je me suis trouvé devant le pilier
« où était attaché le testament de Louis XVI ;
« je l'ai lu tout entier. Mes larmes si amères
« ont changé de nature , elles m'ont soulagé ,

« elles ont rafraîchi mon âme : je me suis jeté
« à genoux , bénissant Dieu de m'accorder la
« consolation , la grâce ineffable d'un repentir
« sincère ; je me suis prosterné comme pour
« recevoir individuellement le pardon et la
« bénédiction du saint martyr.

« Je me suis relevé moins malheureux , et
« j'ai été reprendre ma place. Alors je me
« suis retracé , non plus les horreurs de mon
« forfait , non plus celles inouies dans les an-
« nales du monde entier qui les ont suivies ,
« mais dans le plus grand détail , la conduite ,
« la bonté , la sagesse de ce Roi Louis XVIII,
« si magnanime , si juste , si grand dans son
« abnégation de lui-même , dans sa fidélité aux
« intentions célestes de son frère si offensé ;
« l'amour est rentré dans mon cœur ; une sorte
« de paix a remplacé les impressions terribles ,
« et je me suis senti pardonné.

« J'ai examiné avec une scrupuleuse attention
« l'état de ma fortune, ce qu'elle était, ce
« qu'elle est, ce qui en a produit l'augmenta-
« tion, et j'ai résolu de me dépouiller de tout
« ce qui n'est pas mon patrimoine. Je n'ai rien
« à personne en particulier, mais je ne veux pas
« conserver la moindre chose de ce qui a été
« acquis par ma participation à l'effusion d'un
« sang innocent, d'un sang sacré.

« Enfin, l'église s'est remplie, je me suis mêlé

« avec les fidèles, j'ai prié avec eux, avec eux
« j'ai répandu des larmes. Mais, au moment
« des prières expiatoires, tout mon sang s'est
« glacé, un nuage s'est répandu sur mes yeux,
« et je me suis évanoui. En revenant à moi, je
« me suis trouvé chez un vénérable chanoine,
« grand vicaire, qui me prodiguait ses soins. Il
« me demanda mon nom et où il pourrait me
« faire reconduire. Mon nom, lui dis-je, il
« vous ferait reculer d'horreur; mais daignez
« me dire le vôtre, car il me semble que vos
« traits ne me sont point absolument inconnus.
« Sitôt qu'il eut satisfait à ma demande, j'osai
« lui tendre la main : c'est moi, lui dis-je, qui,
« quoique bien coupable, ai eu le bonheur de
« vous aider à fuir cette terre ensanglantée à
« telle époque de notre affreuse révolution. J'ai
« sauvé votre vie, vous sauverez mon âme.
« Oui, Dieu me visite dans sa miséricorde,
« puisqu'il a permis que je retrouvasse l'objet du
« peu de bien que j'ai fait... Il ne m'a pas laissé
« continuer. Vous êtes mon hôte, m'a-t-il dit,
« avec une expression pleine d'indulgence; et,
« s'étant informé de l'auberge où étaient mes
« effets, il les a envoyé prendre, et il a fait
« amener ma voiture. J'avais pris un nom sup-
« posé, hélas! comment nous produire sans
« inspirer l'horreur !

« Mon ami, ce digne ministre du Seigneur, a

« reçu l'aveu de tous mes crimes ; car je me
« juge responsable de ceux qui ont suivi ce ju-
« gement affreux, quoique je n'y aie point con-
« couru. Il m'a consolé, encouragé, réconcilié
« avec Dieu, et, bien souvent, il a pleuré avec
« moi. Il m'a conseillé d'aller vivre dans la
« commune où est situé le domaine dont j'ai
« hérité de mon père. Il m'a fait entendre, avec
« un ménagement si touchant, qu'il me serait
« salutaire de fuir les dissipations d'une ville, et
« de les remplacer par les occupations de la
« campagne ! Et, sur l'exposé que je lui ai fait
« du bon esprit de cette commune, de l'aversion
« que j'y inspirais, et qui, jusqu'ici, m'en a
« tenu éloigné, il m'a offert les premiers désa-
« grémens comme propres à expier mes fautes
« (il a bien voulu dire, *mes fautes*) ; que peu-
« à-peu ma bonne conduite, l'exercice de toutes
« les vertus auxquelles je voulais consacrer ma
» vie, rameneraient à moi et les esprits et les
« cœurs. J'irai donc à la mi-carême ; il veut me
« garder jusqu'à ce tems, et nous aviserons en-
« semble à l'usage que je ferai de tout ce que les
« places que j'ai occupées ont ajouté à ma for-
« tune personnelle. Chaque année je viendrai
« revoir ce pieux consolateur, cet ami de mon
« âme. Et vous, mon cher et digne ami, ne
« viendrez-vous point dans ma solitude quand
« vos occupations vous en laisseront le loisir ?

« vous, qui avez deviné mon repentir, qui en
« avez provoqué l'aveu, qui l'avez cultivé, for-
« tifié, et préparé en quelque sorte le commen-
« cement de calme que j'éprouve aujourd'hui?

« Ah ! béni soit à jamais le moment où la
« Providence, et non le hasard, a établi des
« rapports entre vous et moi, entre la vertu et
« le repentir. »

FIN.

De l'Imprimerie de madame veuve PERRONNEAU,
quai des Augustins, n°. 39.

TABLE DES MATIÈRES.

Avis de l'éditeur.   pag. v

Annonce de la solennité du 21, par M. le vicomte de Châteaubriand.   1

Pièces officielles. — Information faite en exécution des ordres du Roi, par M. le Chancelier.   13

De la mort, de l'anniversaire et des obsèques de Louis XVI, par M. A. Villemain.   30

Du 30 janvier 1649, et du 21 janvier 1793 ; par M. le comte de Lally-Tolendal.   39

Les deux dernières journées de Louis XVI.   62

Translation à Saint-Denis. — Marche de la pompe funèbre. — Obsèques. — Sépulture. Oraison funèbre par Mgr. de Boulogne, évêque de Troyes.   69

Précis de l'Oraison funèbre prononcée par Mgr. de Boulogne, évêque de Troyes.   81

Solennités expiatoires célébrées dans tous les départemens de France.   95

Honneurs rendus dans les pays étrangers à la mémoire des Victimes royales. — Vienne.   102

Sur la solennité funèbre de Vienne, par M. de Gentz.   114

Londres.   118

St.-Pétersbourg.   119

Hambourg.   ibid.

Genève.   120

Lettre adressée à M. le préfet du Jura, par un voyageur.   122